AF260129

Lb⁴¹. 1947.

S. A. R. Mme la D^sse de Ber...

NOTICE

SUR

LE MONUMENT DE QUIBERON

SUIVIE

DE LA LISTE AUTHENTIQUE DES NOMS DES VICTIMES INSCRITS SUR LE MAUSOLÉE

Imprimée pour la première fois.

EXTRAIT

DU VOYAGE DE MADAME

AU

Berceau de Henri-Quatre

PAR A. PIHAN DELAFOREST

Élève de l'École Normale, ancien Professeur de Rhétorique, Premier Volontaire Royal de Soissons.

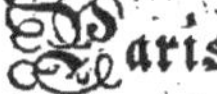

Paris

A. PIHAN DELAFOREST,

IMPRIMEUR DE MONSIEUR LE DAUPHIN ET DE LA COUR DE CASSATION,

rue des Noyers, n° 37.

1829.

NOTICE

SUR

LE MONUMENT DE QUIBERON

SUIVIE

DE LA LISTE AUTHENTIQUE DES NOMS DES VICTIMES INSCRITS SUR LE MAUSOLÉE

Imprimée pour la première fois.

EXTRAIT

DU VOYAGE DE MADAME

AU

Berceau de Henri-Quatre

PAR A. PIHAN DELAFOREST

*Élève de l'École Normale, ancien Professeur de Rhétorique,
Premier Volontaire Royal de Soissons.*

Paris

A. PIHAN DELAFOREST

IMPRIM. DE MONSIEUR LE DAUPHIN ET DE LA COUR DE CASSATION,

RUE DES NOYERS, N° 37.

1829

MADAME

A

SAINTE-ANNE D'AURAY ET AUX CHAMPS-DES-MARTYRS.

Le 24 juin 1828.

ENTRE tous les lieux de pèlerinage de la Basse-Bretagne, le plus vénéré est celui de Sainte-Anne d'Auray. Cette Sainte peut, à juste titre, passer pour la patronne de la province, tant est vive la foi qu'on a en son intercession, tant est grande la ferveur avec laquelle on entreprend de longs voyages pour venir déposer une offrande aux pieds de sa statue. A la fête de la mère de la Vierge, l'affluence des étrangers est immense; l'église n'est pas assez vaste pour contenir la foule qui se presse de toutes parts, et une place très étendue disposée devant le portail se trouve à cette époque couverte de pèlerins prosternés. Il est vraiment édifiant de voir la piété si franche et si sincère de ces bons Bretons. La foudre pourrait gronder, la pluie tomber par torrens.... la tête nue, agenouillés dans la boue, ils attendraient leur tour d'entrée et assisteraient ainsi au sermon lointain d'un prédicateur dont une seule parole n'arrive pas à leurs oreilles. Ce pèlerinage, quoique très renommé, ne date pas de plus de deux siècles ; il paraît avoir été établi vers 1627. Voici comme on raconte son origine : « Un laboureur des environs conduisait sa charrue ; arrivé à certain endroit de son champ, ses bœufs s'arrêtèrent ; il redoubla d'efforts pour les faire avancer ; mais tout fut inutile. Le lendemain et les jours suivans le paysan revint à son champ, et ses bœufs refusaient toujours de dépasser le point où ils s'étaient arrêtés la veille. Étonné, effrayé de ce qu'il ne pouvait expliquer, il fit dire une messe ; et la nuit, ne pouvant dormir, il alla se promener en disant son chapelet, quand il aperçut une grande lumière dans la pièce qu'il n'avait pu achever de labourer. Au milieu d'une auréole lumineuse il distingua une femme vêtue de blanc, et qui du doigt indiquait un endroit du champ.... c'était celui où ses bœufs s'étaient arrêtés.... Le lendemain, lui et sa famille creusèrent à ce point désigné, et l'on trouva en terre une image de la sainte Vierge....» Un petit oratoire fut élevé à l'endroit même, et bientôt cette chapelle insuffisante pour la piété et l'empressement des fidèles, fit place à celle que l'on voit aujourd'hui. Aux carmes, anciens possesseurs du couvent, ont succédé douze vénérables ecclésiastiques qui sont chargés de la direction du petit-séminaire. Deux ou trois cents élèves y reçoivent l'instruction dans le vaste bâtiment que l'on a construit depuis quelques années. L'église mérite de fixer l'attention, moins encore par la richesse de son décor que par les nombreux *ex voto* dont sont couvertes toutes les parois. Ici c'est un enfant malade représenté dans son berceau, rendant par la bouche un serpent à deux têtes ; là une quantité innombrable de bras, de jambes, de mains en cire, suspendus en mémoire des guérisons miraculeuses opérées par la Sainte que l'on reconnaît dans divers tableaux, apparaissant au milieu de la tempête et sauvant du naufrage les marins qui se sont voués à elle.

MADAME était attendue à Sainte-Anne. M. le comte de Chazelles qui la précédait de quelques instans a trouvé tout disposé pour recevoir l'auguste Voyageuse. Un arc de triomphe très élégant, orné de fleurs et de feuillage, s'élevait à l'entrée du hameau.

Sur l'entablement de la façade, S. A. R. a pu lire :

A L'AUGUSTE MÈRE

DE HENRI DIEUDONNÉ,

LE PETIT SÉMINAIRE

DE SAINTE – ANNE.

Et sur les piédestaux des colonnes, d'un côté :

MADRE FELICE DI TAL FIGLIUOLO :

Et de l'autre :

FIGLIO FELICE DI TALE MADRE.

On voyait dans l'intérieur, sur le massif, les chiffres des enfans de France.

Sous celui de Monseigneur le Duc de BORDEAUX,

QU'IL SOIT HEUREUX AUTANT QUE NOUS L'AIMONS !

Sous celui de MADEMOISELLE,

QU'ELLE FASSE AUSSI LE BONHEUR D'UN GRAND PEUPLE !

Sur la façade du retour, une grande inscription portait : ,

A S. A. R. *MADAME,*

DUCHESSE DE BERRY.

On lisait dans le médaillon :

O FILLE DES BOURBONS, REDIS-LEUR NOTRE AMOUR !

Sur le pied du massif, d'un côté,

AMOUR ET FIDÉLITÉ, QUAND MÊME ;

De l'autre,

AMOUR ET FIDÉLITE, TOUJOURS.

En avant de cet arc étaient rangés sur deux lignes les élèves du petit-séminaire, portant chacun son drapeau blanc semé de fleurs de lis. M. le Supérieur, accompagné des maîtres, était à la tête de la double haie formée par les élèves. Sur les côtés se pressait une multitude de bons laboureurs accourus des villages voisins ; plusieurs étaient armés de leurs vieux fusils, témoignage de leur antique fidélité, qu'ils semblaient tout fiers de montrer à la noble fille de leur Roi. Quand MADAME fut arrivée à l'endroit où l'attendait le petit-séminaire, le Supérieur, M. Valantin, eut l'honneur de lui adresser ces paroles :

MADAME,

« Il y a peu d'années, l'héroïque fille du Roi-Martyr visita ce sanctuaire vénéré des fidèles Bretons :

Elle y adressa de ferventes prières au dieu des armées, dans le moment même où son illustre époux se couvrait de lauriers en pacifiant un grand royaume, et Elle y laissa tracé de sa main son nom immortel, comme un gage permanent de sa haute bienveillance, et comme un monument authentique de sa foi vive et de sa tendre piété. Ces souvenirs sont encore tout vivans dans notre mémoire, et ils y vivront toujours. Quel comble de bonheur pour nous, MADAME, que de posséder aujourd'hui la mère du jeune prince qui est l'espérance et l'amour du royaume très chrétien, comme il est l'espérance et l'amour de sa royale famille ! Comment exprimer à Votre Altesse les inexprimables transports de notre joie et de notre reconnaissance ? Daignez, MADAME, daignez les lire dans nos cœurs ; nous savons que le langage des cœurs est celui que vous aimez, et c'est aussi le seul que nous puissions parler en ce moment fortuné. »

Puis, s'adressant à ses élèves, M. le Supérieur ajouta :

« Dans deux mois, jeunes élèves, nous allons vous rendre à vos parens qui nous avaient confié le soin de votre éducation ; quels que soient les évènemens et la position où vous pourrez vous trouver dans le monde, n'oubliez jamais les principes de morale et de religion que nous avons cherché à inculquer dans vos jeunes cœurs ; que votre devise comme la nôtre soit à jamais : *Vive le Roi toujours ! toujours !* Quel que soit le sort qui nous attend, nous n'en dirons pas moins, dans tous les instans de notre vie : *Vive le Roi, quand même !* »

S. A. R. satisfaite des sentimens de modération et de dévouement qui venaient de lui être exprimés, a bien voulu demander à M. Valantin une copie de son discours. Arrivée à l'entrée de l'église, l'auguste Pèlerine a été reçue sous un riche dais porté par quatre ecclésiastiques ; l'eau bénite et l'encens lui ont été présentés par M. Videlo, vicaire-général. Avant d'entendre la messe qui a été célébrée par M. le Supérieur, MADAME a offert une magnifique lampe d'argent à l'église de Sainte-Anne et a daigné agréer un très beau chapelet d'or, un charmant vaisseau de ligne tout en ivoire, et l'histoire de l'établissement du pèlerinage et d'un grand nombre de miracles opérés par l'intercession de la sainte mère de la Vierge Marie.

MADAME s'est remise en route pour Auray, où Elle est arrivée vers onze heures du matin. Cette ville, située sur une montagne d'une manière très pittoresque, s'élève entre la mer et une plaine fameuse par cette bataille où des deux côtés l'on voyait flotter les bannières de la Bretagne, où plus d'un combattant pouvait distinguer quelques-uns de ses amis, de ses proches, dans les rangs opposés, et où se terminèrent les longs et sanglans débats entre Charles de Blois et Jean de Montfort.

Il est difficile de se figurer le coup d'œil que présentait le port d'Auray rempli de navires pavoisés. Sur le pont avait été érigé un bel arc de triomphe ; des devises exprimaient les sentimens de cette contrée fidèle. Des batteries de pierriers disposées sur une montagne élevée qui domine le port, ont salué l'arrivée de la Princesse. S. A. R. a traversé la ville au pas dans une voiture découverte, et s'est rendue au *Champ-des-Martyrs*. C'est le nom donné à une prairie aujourd'hui en grande vénération, où ont été fusillés, au mépris d'une capitulation, les émigrés faits prisonniers à l'affaire de Quiberon. Là MADAME a trouvé dix-huit cents volontaires royaux en armes, sous les ordres de M. le comte de Moëlien, et une population immense; quand l'auguste Veuve s'est avancée sur cette terre arrosée du sang des généreux défenseurs de la cause des Bourbons, un long cri de *vive le Roi! vive* MADAME ! a retenti.... A ce cri d'allégresse a succédé un profond silence qui n'a été interrompu que par les chants de l'église.

Il faut renoncer à peindre tout ce qu'il y avait de sublime dans ce moment solennel.

Encore tout émue par les souvenirs qui se rattachent à ces lieux, MADAME a passé en revue les braves Bretons accourus pour la voir, et a bien voulu distribuer Elle-même des brevets de pensions accordées par le Roi aux volontaires des armées royales. Le drapeau qui guidait au combat les soldats du général Georges a été présenté à la Princesse par d'anciens chefs qui ont combattu sous cet étendard de la fidélité; S. A. R. l'a salué avec respect.

Long-temps le voyageur, en parcourant ces champs

désolés demanda, de ses regards attendris et inquiets, une pierre qui pût indiquer à sa pieuse recherche la place où tombèrent des héros, où des soldats français frémissant à l'énormité du crime, laissèrent à des mercenaires étrangers à frapper des Français malheureux et fidèles....

Une héroïque Princesse, modèle de vertu et de piété, se trouvait parmi les fidèles Bretons, lorsque furent jetés, le 20 septembre 1823, les fondemens de la chapelle expiatoire où doit être placé le mausolée des victimes de Quiberon; la fille du Roi-Martyr daigna présider aux solennités de cette cérémonie religieuse, et posa la base du monument au lieu même où son auguste époux était venu, dès 1814, honorer les mânes des illustres victimes (1).

Chose remarquable, l'église auprès de laquelle s'élève la chapelle expiatoire a été érigée en mémoire de la bataille d'Auray, livrée en 1364. Elle a été construite par l'ordre de Montfort, devenu duc de Bretagne sous le nom de Jean IV, dix-neuf ans après son triomphe. Huit chapelains y furent établis avec une dotation de six cents livres, afin de prier Dieu continuellement non-seulement pour le souverain victorieux, mais aussi pour les ames de tous ceux qui avaient péri le jour de la bataille; trait admirable de magnanimité, remarque un auteur, qui confondit ainsi les vainqueurs et les vaincus dans le même hommage

---

(1) Discours de M. le Comte de Chazelles,

rendu à la valeur triomphante et trahie. Un siècle n'était pas écoulé que les six chapelains furent remplacés par des Chartreux; aujourd'hui cette Chartreuse est occupée par les Sœurs de la Sagesse qui tiennent un pensionnat de jeunes personnes et une école pour les sourds-muets des deux sexes.

La Veuve du duc de Berry a voulu voir les travaux du monument; la chapelle expiatoire attendait encore le mausolée…. Seize mois plus tard, MADAME aurait pu l'admirer à la place qu'il doit occuper à jamais.

Sur un crypte ou caveau où sont déposés les ossemens, s'élève un socle en marbre blanc. Les angles sont décorés des génies de la France, tenant dans leurs mains des flambeaux renversés et les palmes du martyre. Ils sont représentés pleurant sur les noms des victimes qui, inscrits sur des tables de marbre, entourent sur trois côtés le premier dé du mausolée (1). Sur le quatrième côté se trouve une porte en bronze

---

(1) La liste de 942 victimes se trouve à la suite de cet écrit. Informé qu'elle n'avait pas encore été imprimée, je me suis empressé d'en demander communication au Comité Central, et de la publier; heureux d'être le premier à offrir à la vénération de la France Monarchique et Religieuse des noms qu'elle ne saurait trop honorer, des noms qu'il faudrait pouvoir graver et sur le trône de son Roi et sur les autels de son Dieu.

Cette liste ne doit pas être confondue avec celle qu'a donnée M. de Villeuve-Laroche-Barnaud à la fin de ses *Mémoires sur l'expédition de Quiberon*, qui ne contient que sept cents et quelques noms, et qui est remplie d'erreurs et d'inexactitudes. Celle-ci a été formée sur les actes déposés aux archives de la Préfecture du Morbihan et sur les états fournis par le Ministère de la Guerre.

donnant entrée à la chapelle ardente pratiquée au-dessus du crypte.

Le premier dé, couronné de sa corniche, est surmonté d'un sarcophage présentant sur la face principale les bustes en marbre blanc des comtes de Sombreuil et de Soulanges, exécutés d'après leurs portraits. Du côté opposé à la face principale sont placés les bustes des comtes d'Hervilly et de Talhouet, exécutés également d'après leurs portraits.

Sur les faces latérales sont placés deux bas-reliefs représentant, l'un, le débarquement; et le second, le trait sublime de M. de Géril du Papeu, officier de marine (1).

Sur le dé du sarcophage et sur la face principale, un bas-relief demi-circulaire représente la religion protégeant le tombeau des victimes et plaçant sur le mausolée la couronne du martyre.

----

(1) La corvette anglaise *the Lark* (l'Alouette), capitaine Ogilvie, faisait un feu très vif sur les troupes républicaines. Leur général témoignait son mécontentement de ce que le feu continuait malgré la capitulation. M. Géril du Papeu propose d'aller informer le capitaine de ce qui se passe. Il se jette à la mer, quoiqu'elle soit très mauvaise. A peine arrivé à la corvette, le feu cesse. On le presse de rester; il refuse en disant qu'il est prisonnier sur parole. Il se jette de nouveau à la nage. En approchant de terre, un soldat républicain lui tire un coup de fusil et le blesse au bras. Arrivé à terre, ses habits avaient été enlevés; des officiers républicains lui donnèrent des vêtemens, et pansèrent eux-mêmes sa blessure avec de l'eau de mer. Il partit le soir même, avec la colonne prisonnière de son régiment, accablé de fatigues et épuisé par sa blessure. Il fut fusillé peu de jours après.

Le bas-relief circulaire opposé représente en médaillon le buste de René de Hercé, évêque de Dol, tenu par des séraphins. Ce prélat faisait partie de l'expédition ; on le trouvait partout où il avait des secours et des consolations à porter.

Les anges du mausolée sont surmontés de fleurs de lis ornées, et les côtés sont couronnés également par un rang de fleurs de lis plus petites.

Au fond de la chapelle sont placés deux bas-reliefs représentant, le premier, S. A. R. Monsieur le Dauphin priant sur les ossemens des victimes de Quiberon ; et le second, Madame la Dauphine posant la première pierre du mausolée (1).

L'inauguration du monument (2) a eu lieu le 15 octobre 1829, conformément aux ordres de la Commission chargée de son érection et qui a pour président l'un des plus fermes appuis du trône de saint Louis, l'un de ces preux qui ont donné tant de preuves de dévouement à l'auguste famille des Bourbons, S. S. le duc de Damas-Crux, Premier Menin de S. A. R.

---

(1) Ce mausolée a été exécuté d'après les dessins de M. Caristie, architecte, membre du Conseil des bâtimens civils, que le Roi a nommé Chevalier de la Légion-d'Honneur, en témoignage de sa haute satisfaction ; la sculpture statuaire a été confiée à MM. Petitot et Roman ; la sculpture d'ornement à M. Plantard, et la marbrerie à M. Corbel. La porte en bronze sort des ateliers de M. Delafontaine.

(2) La notice qui va suivre sur l'inauguration du mausolée sera, à cause de son étendue, transportée à la fin du *Voyage de* MADAME.

Monsieur le Dauphin (1). La cérémonie a été présidée par M. le comte de Chazelles, préfet du Morbihan.

____

(1) Les autres Membres de la Commission sont :

MM. Le Comte de COUTARD, Lieutenant – général, commandant la 1re division militaire, vice-Président.

Le Comte KERGARIOU, Pair de France, Conseiller d'Etat.

Le Comte d'AUGIER, vice-Amiral, Conseiller d'Etat.

HALGAN, contre-Amiral, Conseiller d'Etat, Directeur – général du personnel au Ministère de la Marine.

Le Comte de VIELLA, contre-Amiral, Membre du Conseil de l'Amirauté.

Le Comte de CONTADES, Pair de France.

Le Comte de la FRUGLAYE, Pair de France.

Le Comte DUBOTDERU, Pair de France.

Le Marquis de la BOESSIÈRE, Maréchal-de-camp, Député du Morbihan.

Le Chevalier de MARGADEL, Député du Morbihan.

DUFOUGERAY, ancien Député d'Ille-et-Vilaine.

Le Comte Charles d'AUTICHAMP, Pair de France, commandant la 11e division militaire.

Le Duc de LÉVIS, Pair de France, Chevalier d'honneur de S. A. R. MADAME, Duchesse de Berry.

Le Comte de CORBIÈRE.

Le Baron de DAMAS, Pair de France.

Le Marquis de CLERMONT-TONNERRE, Pair de France.

Le Marquis de VIOMÉNIL, Pair et Maréchal de France.

Le Prince de POLIGNAC, Pair de France, Président du Conseil des Ministres.

Le Duc de POLIGNAC, Pair de France.

Le Baron de la ROCHEFOUCAULD, Pair de France.

Le Marquis de COISLIN, Pair de France.

Le Marquis de RIVIÈRE, Pair de France.

Le Vicomte de LAMOIGNON, Pair de France.

Le cortège composé de trois évêques, d'un nombreux clergé, d'officiers-généraux, à la tête desquels s'avançait M. Devilliers, lieutenant-général, commandant la 13ᵉ division militaire; de M. de Castellane, préfet du Finistère, et d'une foule de fonctionnaires de différens ordres, s'est mis en marche pour la Chartreuse, escorté des troupes de terre et de mer appelées à la cérémonie, et dont la tenue, la discipline n'ont rien laissé à désirer. Une *foule de drapeaux* portés par une députation de presque toutes les communes du département fermait cette marche et produisait à l'œil de la multitude des spectateurs l'effet le plus majestueux.

Rien de ce que les localités comportaient n'a man-

MM. L'Abbé DESHAYS, ancien Curé d'Auray, Supérieur-général des Dames de la Sagesse.

Le Comte d'HERVILLY, Lieutenant-Colonel.

Le Comte Auguste de la ROCHEJAQUELEIN, maréchal-de-camp.

Le Comte du COETLOSQUET, Lieutenant-général.

Le Comte Sévère de la BOURDONNAYE.

Le Comte de la VIEUVILLE.

De POULPIQUET, Evêque de Quimper.

De CADUDAL, Colonel du 26ᵉ de ligne.

De BRUC, Evêque de Vannes.

Le Comte de SAINT-LUC.

Le Comte de SESMAISONS, Pair de France.

Le Comte de CHAZELLES, Préfet du Morbihan.

BRISSON, Président à la Cour de Cassation.

MOISANT, Notaire royal, Trésorier-général de la Commission.

qué à l'ensemble de cette imposante cérémonie. Au Champ-des-Martyrs, le développement qu'a pu prendre le cortège, les différentes musiques placées aux diverses extrémités de l'enceinte et dans la chapelle expiatoire, les salves d'artillerie et de mousqueterie, l'escadrille pavoisée, placée sur la rivière de Trehauray, en face du champ, l'immense population groupée sur les collines en amphithéâtre, qui est du côté opposé; plus bas, sur la terrasse de droite, une réunion nombreuse de dames en grand deuil, tout, dans ce moment où les prières du clergé s'élevaient vers le ciel avec celles d'un peuple attendri, tout a fait sur les nombreux témoins de cette solennité une impression dont le souvenir ne s'effacera jamais.

Deux discours ont été prononcés; l'un par monseigneur de Poulpiquet, évêque de Quimper, et l'autre par M. le comte de Chazelles.

« Messieurs, a dit le vénérable prélat, échappé comme par miracle aux malheurs dont la religion consacre aujourd'hui le souvenir, mes vœux se bornaient à venir prier une seconde fois dans ce lieu d'expiation pour d'illustres amis dont j'ai vu de près le courage et les nobles vertus; mais rendu sur le terrain même qui fut arrosé de leur sang, comment pourrais-je comprimer les sentimens qui remplissent mon ame, et ne pas payer le tribut de mes regrets et de ma vénération à des héros que je révère comme des martyrs ?

« Mes cheveux blancs m'avertissent que nous sommes déja loin de ce temps qui fut marqué par la plus horrible catastrophe ; les débris échappés à cette dernière lutte de la fidélité malheureuse, ont disparu pour la plupart dans la nuit du tombeau : encore quelques années et aucun témoin n'aurait paru dans cette cérémonie pour rendre témoignage à une grande infortune, qu'une grande résignation rendit plus touchante encore.

« L'impartiale histoire rendra justice à la valeur guerrière de ces Français fidèles et dignes d'un meilleur sort. Pour moi, une autre tâche convient à mon ministère de paix, et j'appellerai votre admiration sur un genre d'héroïsme plus sublime encore que celui du guerrier. Messieurs, pour un Français la mort est toujours belle lorsqu'au champ d'honneur elle se présente environnée de gloire ; mais cette mort affreuse et sans prestige qui vient saisir dans les fers sa victime désarmée, ah ! comment l'homme le plus intrépide trouverait-il dans son cœur assez de force pour la braver ? La nature peut bien donner le courage qui fait les héros, mais la religion seule peut inspirer la noble résignation qui fait les martyrs.

« C'est la religion, cette source féconde des sentimens élevés, qui soutint les illustres victimes de Vannes et d'Auray. Ici, Messieurs, quels noms viennent s'offrir à ma mémoire ! Hercé, vénérable pontife, et si digne par son courage et ses vertus de l'être d'une armée combattant pour le trône et l'autel ! Sombreuil, héros chrétien qui, à l'exemple de son Dieu, donna

sa vie pour sauver les siens. Leur mort servit de modèle à tous ceux qui partagèrent leur martyre. Tous
y marchèrent avec joie, après avoir eu le bonheur,
même dans les fers, de purifier leur ame dans le sacre-
ment de la pénitence.

« Ainsi durent mourir ces guerriers qui, jusque dans
le tumulte des camps, donnèrent l'exemple de toutes
les vertus, ces guerriers qui ne séparèrent jamais dans
leurs cœurs ces deux sentimens si dignes de s'allier
ensemble, l'amour de leur Dieu et celui de leur Roi.
« *Gloire à Dieu ! vive le Roi !* »

Prenant ensuite la parole, M. le comte de Chazelles
a peint en traits rapides l'affreuse catastrophe; et
montrant l'héritier du trône de saint Louis et cette
fille de France que la révolution a faite orpheline
honorant les cendres de ceux qui sont morts pour leur
cause, l'orateur ajoute :

« Après avoir frappé la pierre monumentale qui
doit perpétuer à jamais la mémoire de la fidélité malheureuse, Madame la Dauphine voulut visiter le sol
même qui fut arrosé du sang de ses défenseurs, et le
Champ des Martyrs fut sanctifié par les larmes de la
fille du Roi-Martyr... Aux souvenirs déchirans atta-
chés à ces lieux vint se mêler le regret de ne point les
voir consacrés, et l'auguste Princesse voulut encore
qu'ils devinssent inviolables désormais.

« Le 16 octobre, S. A. R. ordonna que ce terrain
précieux fût acheté, choisissant ainsi le jour où, en
proie à d'amers regrets, sa douleur ne pouvait être

soulagée que par un bienfait si analogue à la pénible situation de son cœur.... La reconnaissance publique s'est réunie à la piété royale pour élever cette chapelle expiatoire que les ministres de la religion viennent de consacrer : et c'est ainsi, Messieurs, que la munificence de nos Princes n'a pas fait seule les frais de ces nobles monumens. Tous les amis de la religion et de la royauté ont voulu y contribuer, et l'obole du pauvre est venue s'ajouter à l'offrande du riche pour ériger un tombeau tardif aux victimes de Quiberon!... Leur fidélité courageuse étant un titre d'honneur pour la France, elle a revendiqué celui de consacrer leur mémoire aux lieux mêmes où ils tombèrent irréprochables.

« Il y a dans cet acte de piété nationale, Messieurs, un témoignage touchant d'amour pour nos Rois, que vos cœurs sont faits pour comprendre. Un peuple qui s'unit ainsi pour honorer un grand trait de dévouement, comprend à la fois sa force et sa dignité.... Il prouve que si l'audace sacrilège de quelques hommes a pu parvenir à le séparer long-temps du trône légitime, elle fut impuissante pour lui en faire oublier les bienfaits et lui ôter la volonté de le rétablir....

« Le monument qui vient de recevoir sous vos yeux une consécration religieuse est donc destiné à immortaliser le souvenir d'un acte de dévouement au trône, et celui des sujets fidèles qui l'élevèrent sous les auspices d'une commission dont nous regrettons tous, Messieurs, de ne pas voir le noble chef présider à cette solennité.

« Les noms inscrits sur le mausolée de la Chartreuse appartiennent à toute la France ; car ils témoignent qu'il y avait des braves de toutes les parties du royaume parmi ceux qui périrent à Quiberon, à Vannes et sur ce sol où nous foulons la cendre des preux. Mais il était réservé aux enfans de la Bretagne, témoins de leurs désastres, de recevoir le monument qu'a voulu leur ériger la piété publique ; et qui, j'ose le dire, ne pouvait être confié à des mains plus fidéles : nulle part il n'aurait été entouré de plus de respect... Dans ces contrées, dont la devise fut toujours *Dieu et le Roi*, le passé répond de l'avenir comme du présent ; il dit que vos enfans, ainsi que vous, Messieurs, ne s'approcheront jamais de ces lieux sans éprouver ces sentimens vifs et profonds qui font battre vos cœurs d'amour et de reconnaissance pour les fils de saint Louis.... Comme vous, Messieurs, ils vénéreront la mémoire des braves de Quiberon.... Qui pourrait oublier jamais leur courage héroïque, leur fidélité, leurs malheurs ?.... Votre attitude, vos yeux que mouillent les larmes de la douleur et de l'admiration, tout m'assure que vous êtes pénétrés des souvenirs que renouvelle cette triste solennité.

« Oui, Sombreuil, d'Hercé, Talhouet, Soulange! vos cendres glorieuses ont fécondé nos champs ; elles feront naître des héros qui sauront, comme vous, mourir pour leur Dieu, leur Roi, la France et les Bourbons.

« *Vive le Roi long-temps et les Bourbons toujours !* »

LISTE ALPHABÉTIQUE

DES

VICTIMES DONT LES NOMS SONT INSCRITS

SUR

LE MAUSOLÉE DU MONUMENT DE QUIBERON (1).

A

1. Chevalier d'Aiguillon, gardè-du-corps, de Dunes, Lot-et-Garonne.
2. Albert-Mivel (Charles d'), de St. Omer, Pas-de-Calais.
3. Allanie (Alexandre Mariadec Noyal), étudiant, de Loudéac, Côtes-du-Nord.
4. Allary, caporal d'artillerie.
5. Allemand (Pierre l'), domest., de Dufein, Bourgogne.
6. Allieaume (P. L. N.), militaire, de Gravelines, Nord.
7. Aloy (Antoine), milit. de Menildoin, Pas-de-Calais.
8. Aloy (Louis Joseph), milit. de Menildoin, Pas-de-Cal.
9. Alys (Marie Joachim), militaire, de Saint-Vast, Nord.
10. Amboix (Charles), volontaire, de Camarade, Arriège.
11. Amboix (François Jean), volontaire, de Camarade, Arriège.
12. Amelin (Joseph), militaire, de Saint-Symphorien, Loire-Inférieure.

---

(1) Les mots en italique sont des noms de terre ou de famille.

13. Anglars (Charles d'), noble, de Lacham , Char.-Inf.

14. Anières (Marc), militaire, de Souquenberg, Pas-de-
Calais.

15. Antresse (Jean Baptiste d'), *Palais*, noble, de Saint-
Jean-d'Angély, Char.-Inférieure.

16. Apchier (Antoine Marie), émigré, de Ternaux, Puy-
de-Dôme.

17. Apchier (Gilbert), noble, de Ternaux, Puy-de-
Dôme.

18. Arblade (Jean Louis d'), *Benquet*, officier, d'Arblade
Gers.

19. Arbon (Philippe), militaire, de St.-Germ. du Banc,
Somme.

20. Arbouville (Louis Castor Henri d') , *de Chambon* ,
capitaine.

21. Argentel (René Vincent l'), *Gilard*, prêtre, de Quimper, Finistère.

22. Arnaud (d'), officier, de Toulon.

23. Arnoult (Pierre), émigré, de Calais, Pas-de-Calais.

24. Astier, sergent d'artillerie.

25. Atilly (comte d'), lieutenant-colonel.

26. Aubin (Jacques Auguste), noble, de Vannes, Morb

27. Aubry (Furcy),sous-off. de Mouchy l'Agate, Somme.

28. Audebard (Pierre d'), volontaire, de Paris, Seine.

29. Audrein (Mathurin), milit. de Prenesai, Côtes-du-N.

30. Auffrey (François), milit. de Prenesai , Côtes-du-N.

31. Aulaire (Marc Ant. de Saint-), *de Beaupoil*, volontaire, de Jonzac, Charente-Inférieure.

32. Auront (d'), volontaire.

33. Avaray (Arm. Louis comte d'), *Besiade*, cap. de Paris.

34. Avril (René), émigré, de Rédon, Ille-et-Vilaine.

B

1. Bachelot (Mich el), domestique , de Sellières, Jura.
2. Bachelot (Mathurin), labour. de Quédillac, Ille-et-V.
3. Bailly (Jean Pierre Ray. de),noble, de Pont-Croix, Fin.
4. Bans (Pierre), noble , de Perpignan, Pyrén.-Orient.
5. Barassol (Jean Joach. Ant.), capit. de Toulouse, H.-G.
6. Baraudin (Louis de), lieutenant de vaisseau , de Rochefort, Charente-Inférieure.
7. Barba (Jean Joseph), militaire, de Fruges, Pas-de-Cal.
8. Barbaroux (Franç.), canonnier, de Toulon, Var.
9. Barbut (Joseph Mathieu), militaire, d'Avignon, Vauc.
10. Barre (Franç. René de la), noble, de Nantes,Loire-Inf.
11. Barré (Yves),chirurg.-major, de Châteauneuf,Finist.
12. Barret, sous-lieutenant.
13. Basquière (Barthélemy Franç. de), noble , des Sables d'Oonne, Vendée.
14. Bassetière Morisson (de la), lieutenant.
15. Bassou (Franç.), noble, de Perpignan, Pyrén-Orient.
16. Baudot (Nicolas Anne), noble, de Serette, Seine-Inf.
17. Baudran (Louis Charles de), *de Saint-Vigor de Maiseret*, capitaine de vaisseau , de Vignon, Calvados.
18. Baudut (Joseph), musicien, de Nancy, Meurthe.
19. Baulavcu (Gabriel), émigré, de Séez, Orne.
20. Baume (Joseph A. Tertulle La', *Pluvinel*, lieutenant de vaisseau, de Carpentras, Vaucluse.
21. Baupte(Louis Charles), volont. d'Ecrammeville, Calv.
22. Bavière (chev. de), lieutenant.
23. Bayard (Emile de), *de la Noue.*
24. Béarn (Philippe Paul de), *Galard*, noble, de Dignac, Charente.

25. Beaucorps (chev. de), volontaire.

26. Beaucorps (Jean Jacq. de), off. de Chanier, Char.-Inf.

27. Beaudenet (de), volontaire.

28. Beaufort (Jos. Marc. J. M., marquis de), capitaine, de Paris, Seine.

29. Beaufort (Casimir de), *Gouyon*, sous-lieutenant, de Rennes, Ille-et-Vilaine.

30. Beaugendre (chev. de), sous-lieutenant.

31. Beaumetz (Charles de), *Duval*, volontaire, de Rouen, Seine-Inférieure.

32. Beaumont (de), volont.

33. Beaumont (Joseph Pascal de), capitaine du génie, de Périgueux, Dordogne.

34. Beaupoil (Pierre Marie de), volontaire de Jonzac, Charente-Inférieure.

35. Beauregard (de), *Robins*, lieutenant de vaisseau.

36. Beauregard (chev. de), *Guerry*, élève de la marine.

37. Beauregard (Franç. Aug. Mar.), *Dubois*, lieutenant, de Ploërmel, Morbihan.

38. Beauvais (Etienne), march. de Bruxelles, Brabant.

39. Beauvillié (Jean de), noble, de Favre, Indre.

40. Béchillon (Charles Sylvain de), noble, de Pressac, Vienne.

41. Beghin (Pierre Emmanuel), domestique, de Vieux-Berguin, Nord.

42. Belfond (1) (Jean Franç. Florent de), *Gigault*, lieutenant de vaisseau, d'Equeurdreville, Manche.

---

(1) Il fut fusillé. Trouvé parmi les morts, respirant encore, les habitans de Vannes l'emportèrent ; il fut rétabli de ses blessures par

43. Belisson (Louis), militaire, de Lacombe, Calvados.
44. Bélizal (André Marie, vicomte de), *Gouzillon*, capitaine de vaisseau.
45. Bellegarde (Jean Franç. de), noble, de Maury, Dord.
46. Bénizet (Henri), laboureur, de Penhol, Morbihan.
47. Benoit (Célest. Joseph), noble, de Petit-Quesnoy, Nord.
48. Béon (Franç. de), *La Guttère*, volontaire, de Moréal, Gers.
49. Berienne (Jacques), militaire, de Pluvigné, Morbih.
50. Bermond (Raymond de), noble, de Béziers, Hérault.
51. Bernard (Charles), menuisier, de Curri, Loire.
52. Bernard (Jean Michel), faiseur de peignes, de Vannes, Morbihan.
53. Bernard (Pierre Joseph), maître-clerc au Parlement de Paris, de Les Loges, Indre-et-Loire.
54. Berney (Jean), émigré, de Bergerac, Dordogne.
55. Berthaud (Henri Franç.), étudiant, de Montaigu, Loire-Inférieure.
56. Berthe (Joseph), noble, des Sables d'Olonne, Vendée.
57. Berthelot (Augustin), émigré, d'Angers, Maine-et-L.
58. Berthelot (Jean Marie), cultivateur, de Plaintel, Côtes-du-Nord.
59. Bertrand (Franç.), noble, d'Aincourt, Moselle.
60. Bessin (Guillaume), militaire, de Vannes, Morbihan.
61. Bétard (Pierre), noble, de Montbriez, Gironde.
62. Biard (Augustin), noble, de Lomerban, Seine-Infér.
63. Bibeau (de), volontaire.

---

leurs soins. Il en est resté mutilé et entièrement défiguré. Il est mort en France, il y a peu d'années, commandant de la garde nationale de Valogne depuis le retour du Roi.

64. Bideran (de), officier.

65. Bigouen (Jean), laboureur, de Gouconne, Morbihan.

66. Biochaye (Séraphin Marie de la), *Colin*, lieutenant, de Brest, Finistère.

67. Biot (Henri), de Peaulle, Morbihan.

68. Biot (Pierre), étudiant, de Peaulle, Morbihan.

69. Blaise (Louis), laboureur, de Kervillau, Morbihan.

70. Blanchoin (Jacques de), lieut.

71. Bleu (Pierre Antoine Joseph), militaire, de Sailly-Labourre, Pas-de-Calais.

72. Bluherne (Joseph), labour. de Grand-Champ, Morb.

73. Boccassel (Jacques Guillaume de), *Gouiquet*, capitaine, de Quimperlé, Finistère.

74. Bocquet (Anastase Joseph du), praticien, de Laisen, Pas-de-Calais.

75. Bocquet (Nicolas), domest. de Villemontoise, Aisne.

76. Bognais (Louis Hector de), noble, d'Angers, M.-et-L.

77. Boilleteau (Jacques), domest. de Lamertalière, Vend.

78. Boisanger (Thomas), noble, de Quimperlé, Finistère.

79. Bois Baudry (Antoine, chev. de), lieut.

80. Boisduc (Michel), labour. de Grand-Champ, Morb.

81. Boisendes (Eudes de), volont. de Menil-Godoin, Orn.

82. Boiséon (Lucien Hiénis, comte de), *Forestier*, lieutenant de vaisseau, de Morlaix, Finistère.

83. Boisfévrier (marquis de).

84. Bois Frérent (du), volontaire, de Bovin, Orne.

85. Boishuc (Malo de), *Gueneheuc*, off. de Lanhelin, Ille-et-Vilaine.

86. Bois Tesselin (Jacques René du), volontaire, de Joué-du-Bois, Orne.

87. Boissende (de), volontaire.

88. Boissière (de la), sous-lieut.

89. Boissieux (comte de), capit.

90. Boitreuse (Pierre Le), labour. d'Hennebon, Morbihan.

91. Bombart (André de), émigré, d'Esqueheries , Aisne.

92. Bonafous (Maurice de), lieut. de Milhau, Aveyron.

93. Bonard (Louis Nicolas), milit. d'Emy, Pas-de-Cal.

94. Bonge (Eustache), milit. de Lestres, Pas-de-Calais.

95. Bonge (Henri), milit. de Lestres , Pas-de-Calais.

96. Bonnelière (de la), *Marreau*, lieut. de vaisseau.

97. Bonneville (Henry Jacques de), *Le Fauconnier*, cap. de Picoville, Manche.

98. Bonneville (Raphael de), milit. de St.-Benin, Nord.

99. Bonore (Louis de), garde-du-corps du Roi , de Périgueux, Dordogne.

100. Bonoure (Henry), milit. d'Avignon, Vaucluse.

101. Bossenot (Guillaume), labour. de Peaulle, Morbih.

102. Botterel (Henry Duplessis de), noble, de la Chapelle du Corps , Ille-et-Vilaine.

103. Bouche (Pierre le), *Guillemau*, d'Arradon, Morbih.

104. Boucher (Franç. Guillaume), journalier, de Dieppe, Seine-Inférieure.

105. Bouetiez (Jacques Joseph du), noble, d'Hennebon, Morbihan.

106. Bouetiez (Jacques Marie du) , conseiller au Parlement de Bretagne.

107. Boukin (de), volont.

108. Boulandière (la), volontaire.

109. Boulard (Nicolas), curé, de Tours, Indre-et-Loire.

110. Boulé (Jacques), milit. de Reclingam , Pas-de-Cal.

111. Boulefroy (Claude), émigré, d'Oresmaux, Somme.

112. Boulon (J de), capitaine.

113. Boulot (Jean), noble, de Fribourg, Brisgaw.

114. Bourdon Berit (Joseph de), de Paris, Seine.

115. Bourdon Grammont (Claude Augustin de), volont. de Château-Gontier, Mayenne.

116. Bourdonnière (Jean Jacques de la), *le Barbier*, volont. de Beaumont, Sarthe.

117. Bourguignon (Franç.), milit. de Racousse, Ain.

118. Boussineau (Pierre Sylvestre de), volont. de St-Herblain, Loire-Inférieure.

119. Bouvier (Jacques), labour. de Melé, Mayenne.

120. Brébion (Franç.), milit. de Quistel, Pas-de-Calais.

121. Bréhaut (François), milit. d'Auray, Morb.

122. Bréhern (Pierre François), prêtre, de Le Rocet-Brico, Maine-et-Loire.

123. Breton (Jean François), milit. de Saint-Quentin, Aisne.

124. Breton (Le), labour. de Grand-Champ, Morb.

125. Breuil (Amédée François du), off. de Brest, Finis.

126. Brevelley (Pierre de), de Sainte-Hélène, Morb.

127. Briche (Louis Joseph), milit. de Lestres, Pas-de-Calais.

128. Brie (Jean M. M. de), lieut. de vaiss. de Saint-Yrieix-la-Perche, Haute-Vienne.

129. Briend (Pierre Marie) , marchand, d'Auray , Morb.

130. Briges (Jos. Christophe, comte de), *Malbec*, capit. de Paris, Seine.

131. Bris (Le), chirurg.-aide-maj. de Launion, Côtes-du-Nord.

132. Brodier (Claude), émigré, de Chamoé, Aube.

133. Broglie (Joseph, vicomte de), colonel, de Ruffec, Charente.

134. Brohan (Jean), de Peaulle, Morb.

135. Brossard (Charles Claude), cultivateur, de Quezeau, Morb.

136. Brossard (Louis Auguste de), noble, de St.-Aubin.

137. Brousse (Pierre Jacques La), vol. d'Argentat, Corr.

138. Brousse (Jean La), milit. de Prenesay, Côtes-du-N.

139. Brugnon (Hervé Jean Gouemon, comte de), *Thépaut*, cap. de vaiss. de Bourblan, Finistère.

140. Brumeau (de), off.

141. Brusly (François Pierre de), lieut. de Brives-la-Gaillarde, Corrèze.

142. Bry (Thomas de), gentilhomme, de Roche, ci-dev. Périgord.

143. Buat (François du), off. de Condé, Nord.

144. Buissy (Charles Louis Auguste), noble, de Douay, Nord.

145. Buissy (Louis François Marie de), off. d'artillerie, de Douay, Nord.

146. Bultelle (Jacques), domestique, de Saint-Denys, Seine-Inf.

147. Burnolle (Claude Marie), écrivain, de Vannes, Morbihan.

C

1. Cadart (Jacques), milit. d'Hémi ou Chaine, Pas-de-C.
2. Caffarelly (de), off.
3. Camparol (François de), noble, de Troyes, Aube.
4. Candols (Jean), de Grand-Champ, Morb.

5. Candou (François), marin, de Ploërmel , Morb.

6. Cap de Saint-Paul (Marie Ange Jacques Bernard du), ancien lieut.-col. Pyr.-Orient.

7. Caquerai (François de)_, *de Valmenier*_, lieut. de vaiss. de Blangy , Seine-Inf.

8. Carbeil (Pierre Joseph de), volont. de Suié, Loire-Inf.

9. Carcaradec (Armand Marie Louis de) *Rogon*_, lieut. de vaiss. de Lannion , Côtes-du-Nord.

10. Carcaradec (Hyacinthe Marie Félix Madeleine de), *Rogon*, lieut. de vais. de Lannion_, Côtes-du-Nord.

11. Carcaradec (Louis Marie Théodore),*Rogon*, capitaine aide-major, de Lannion, Côtes-du-Nord.

12. Carmouche (Laurent), militaire, de Void, Meuse.

13. Carneville (de), *Lefort*, lieutenant de vaisseau.

14. Caron (A. M.), noble, de Vendôme, Pas-de-Calais.

15. Carpentier (Ignace François), noble , d'Havers-kerque, Nord.

16. Casal (Jean Baptiste de), *Tapinois*, chevalier de Saint-Louis, de Sarlat, Dordogne.

17. Caste (François du), noble de Domelon,Hte.-Garonne.

18. Castel (de), volont.

19. Caux (de), cap. de vaiss.

20. Cazal (de), volont.

21. Cazaux (Char. Arm. Franç. Maurice de), *Ganné*_, noble, de Mezille, Yonne.

22. Cazeaux (de), volont.

23. Chable (Julien), milit. de St.-Martin d'Ige, Orne.

24. Champallos (de), *Burles*_, lieut. de vaiss.

25. Champflour (de), lieut.

26. Champ Savoye (Guy de), *Guignard*_, sous-lieut. de Baulon, Ille-et-Vil.

27. Chantellenot (de), *de Seré*, noble, de Langres, Haute-Marne.
28. Chapelle (Edme Xavier de La), capitaine.
29. Chapelle (Jacques François de La), noble, de Caufecont, Mont-Blanc.
30. Chapelle (Pierre Paul La), volont. d'Argentat, Corrèze.
31. Chapiteau (Salomon), noble, de Minsac, Charente.
32. Chapon (Jean-Franç.), milit. d'Haunais, Seine-Inf.
33. Charbonneau père (de), cap. de Vieille-Ville, Loire-In.
34. Charbonneau fils (Henry de), sous-lieut. de Vieille-Ville, Loire-Inf.
35. Chardon (Jean-Baptiste), émigré, d'Argenton, Indre.
36. Charlanne (Jean), milit. de Villefranche, Aveyron.
37. Charmois (Louis Charles du), *Lemaire*, volont. de Villemoutiers, Loiret.
38. Chasteigner (Alexis de), volont. de Bunzac, Charente.
39. Chasteignier (P. F. A. de), *de La Grange*, noble, de Genolhac, Gard.
40. Chataigne (Jean), domestique, de Cossé, Mayenne.
41. Chatel (Louis), militaire, de Jimbré, Calvados.
42. Chaton (Auguste de), noble, de Guingamp, Côtes-du-Nord.
43. Chavoix (Raoul Gustave Martial de), *Payen*, noble, d'Avranches, Manche.
44. Cheffontaine (Alexandre Marie Fortuné de), *Penfantonio*, lieutenant, de Quimper, Finistère.
45. Chenardière (Nicolas Jacques de La), *Ballet*, volont. de Nantes, Loire-Inférieure.
46. Chenu (Charles Germain Gabriel de), off. d'Auxerre, Yonne.
47. Chesnay (du), volontaire.

48. Chevé (François), tisserand, de Vannes, Morbihan.

49. Chevière père (Benjamin René Michel de La), lieut. de Martigné, Ille-et-Vilaine.

50. Chevière fils aîné (Joseph de La), off. de Martigné, Ille-et-Vilaine.

51. Chevière fils cadet (Auguste de La), sous-lieutenant, de Martigné, Ille-et-Vilaine.

52. Chevière (Jean Baptiste Germain de La), volontaire, de Martigné, Ille-et-Vilaine.

53. Chevreux (Jean Marc de), volont. de Vitrac, Char.

54. Chevrier (Joseph), noble, de Martigu , Ile-et-Vil.

55. Chiesea (de), off.

56. Chollet (Jean Baptiste), de Lougeau, Meuse.

57. Chope (Jean Baptiste), noble, de Stenay, Meuse.

58. Chrétien (de), officier.

59. Chrétien (J. M. de), volont. de Vannes, Morbihan.

60. Christon (Louis François de), *Marchand*, noble, de Nuisement, Marne.

61. Cillart (Armand Mathieu Marie de), *de Villeneuve*, capitaine de vaisseau.

62. Cillart (Étienne Joseph Marie de), *de Villeneuve*, sous-lieutenant, de Treguier, Finistère.

63. Cillart (Joseph. M. de), sous-lieutenant.

64. Clabat (François Basile de), noble, de Cognac, Char.

65. Clabat (Pierre), noble, de Cognac, Charente.

66. Clinchamp (Jacques), noble, de Beaumont-le-Vicomte, Sarthe.

67. Clocheterie (Louis La), major de vaisseau, de Rochefort, Charente-Inférieure.

68. Clusel (Antoine Robert du), major de vaisseau, de Périgueux, Dordogne.

69. Coëffeteau (Jean François Laurent), élève en chi-
rurgie, de Douai, Nord.

70. Coëtlosquet (L. M. J. F., chev. de), sous-lieutenant,
de Morlaix, Finistère.

71. Coëtlosquet (F. J. M. M. Marquis de), lieut. de Morlaix, Finistère.

72. Coëtodon (François Vincent de), lieut. de vaisseau
de Guipara, Finistère.

73. Coetudavel (1) (Louis Emmanuel de), lieutenant de
vaisseau, de Brest, Finistère.

74. Cognet, Fourrier.

75. Colardin (Marie Claude), lieut. de Vire, Calvados.

76. Colin (Pierre), milit. de Loupie sur l'Oisan, Meuse

77. Colinet (Jean Baptiste), domestique, de Pierlet
Seine-et-Oise.

78. Collardeville (Anne Jean de), noble, de Châlons, M

79. Collette (François), domestique, de Rennes, Ille-et-
Vilaine.

80. Collibeaut (Th. Hen. Jul.), volont. de Nantes, Loire-
Inférieure.

81. Colombet (Joseph de), officier, de le Puy en Velai,
Haute-Loire.

82. Comblat (François de), *La Carrière*, lieut. de vaiss.
d'Aurillac, Cantal.

83. Compreignac (Hérier de), noble, de Limoges, Haute
Vienne.

---

(1) Le président de la commission , que sa physionomie douce et
son air de jeunesse avaient intéressé , lui dit: Vous n'avez pas l'âge
sans doute? Je vois votre intention lui répondit-il , je vous en
remercie , mais je ne veux pas racheter ma vie par un mensonge.

84. Concize (de), *Grelier*, major de vaisseau.

85. Corday (Charles de), noble, de Ménil-Hibert, Orne.

86. Corday (Pierre Jacques de), volont. de Mesny-Gibert, Calvados.

87. Cormier (du), volontaire.

88. Cornulier (René de), off. de Nantes, Loire-Infér.

89. Corvay (Pierre), laboureur, d'Auray, Morbihan.

90. Costinie (François), cultivateur, de Lille, Nord.

91. Cotelle (René Saturnin de), volont. de Chateaubriant, Loire-Inférieure.

92. Cotte (Antoine de), noble, de Toulon, Var.

93. Coupet (Pierre), milit. de Gocalzin, Nord.

94. Courcy (Paul Pierre Aug. El.), de Pierlet.

95. Courreau (Alexandre), milit. de Prorel, Vivarais.

96. Cours (chevalier de), lieut.

97. Courteville (Daniel de), *d'Hodic*, volont. de Parenti, Pas-de-Calais.

98. Coustin (Jean François de), sous-lieut. de la Guadeloupe.

99. Crend (Nicolas Marie de Saint), *Fougeret*, aide-major.

100. Croissenville (Toussaint de), noble, de Vire, Calv.

101. Crommebois (Mathurin de), noble, de Chatillon-sur-Colmont, Mayenne.

102. Crouseilhes (Jean Baptiste, baron de), *Dombidaud*, major de vaiss. de Pau, Basses-Pyrénées.

103. Croutte (Nicolas Henri de), *Lagroy*, étudiant, de Le Quesnoy, Nord.

104. Crozet (Jean Baptiste de), quartier-maître.

105. Crusel (Pierre Maffre de), volont. de Verfeuil, Tarn-et-Garonne.

106. Cunier (Charles), étudiant, de Valenciennes, Nord.

D

1. Dagord (Jacques), labour. de Grand-Champ, Morbihan.
2. Dallot (François), canonnier.
3. Damas (baron de), major.
4. Damoiseau (François Joseph), *de La Baude ,* vol. de Chaource, Aube.
5. Danceau (Jean Constantin Théodore de), lieut.-colon. de Toulouse, Haute-Garonne.
6. Danic (Étienne), laboureur, d'Auray, Morbihan.
7. Daniel (François), labour. de Noyal Musillac, Morb.
8. Daniel (Joseph), labour. de Ploërmel, Morb.
9. Daniel (Laurent), milit. de Guingamp, Côtes-du-Nord.
10. Dano (Isidore), laboureur, de Vannes, Morbihan.
11. David (Jean), labour. d'Auray, Morb.
12. Delcroix (Antoine-François), milit. de Meinis-Doheut, Pas-de-Calais.
13. Delebarre (Ant.), milit. de Marcq-en-Barœul, Nord.
14. Delisles (Paul), noble, de Nantes, Loire-Infér.
15. Delonay (Jean), domestique, d'Amaillet, Calvados.
16. Delorne (Joseph), noble, d'Asmetrin, Yonne.
17. Desmoto (Jean Pierre), tourneur, de Mondole, Ille-et-Vilaine.
18. Dessat (Jean), milit. de Clermont, Puy-de-Dôme.
19. Dethort (Emmanuel), milit. de Duberquin, Nord.
20. Dietrick (Joseph), milit. d'Aubernay, Bas-Rhin.
21. Diserdille (Louis), noble, de Gueret, Creuse.
22. Doco (Antoine Joseph), milit. de Gaulzin, Nord.
23. Dorigny (Ch. Nicolas), milit. de St-Quentin, Aisne.

24. Doudman (Thomas), milit. de Valiquerville, Seine-
Inférieure.
25. Douroux (Jean Antoine), de Saint-Neyan.
26. Dresnay (Julien Jean François, chevalier du), sous-
lieutenant.
27. Drouin (François), noble, de Commercy, Meuse.
28. Dufério (François), praticien, de Noyon, Oise.
29. Dumaine (Jean), journalier, de Martin, Manche.
30. Dupuy (Claude Joseph), volont. d'Ornan, Doubs.
31. Duquesne (Alexis), milit. de Coutière, Pas-de-Cal.
32. Duret (Charles), milit. de Loudéac, Côtes-du-Nord.
33. Dury (Louis), volont. de Doujon, Deux-Sèvres.
34. Dusaultoir (Florentin), milit. d'Acme, Pas-de-Cal.
35. Dutertre (Pierre), noble, de Silly, Calvados.
36. Dutertry (Joseph), milit. de Remortier, Pas de-Cal.
37. Duval (Tranquille), volont. de Gacé, Orne.

E

1. Elbeque (Constant-Louis d'), noble, de Bourgt, Nord.
2. Elec (Noël), laboureur, de Lomarcaques, Morb.
3. Elque (d'), volont.
4. Enamf (Jacques), laboureur, de Grand-Champ, Morb.
5. Enneval (d'), capit.
6. Erval (Jos. J. M. Hyacinthe d'), lieuten. de Quimper,
Finistère.
7. Esleven (Nicolas), laboureur, de Brach, Morb.
8. Espagne (chev. d'), officier.
9. Espiart (François), adjud. de Liernay, Côte-d'Or.
10. Evan (François), boulanger, d'Auray, Morb.
11. Evrard, milit. de Noyelle, Pas-de-Calais.

12. Ezaneau (Pierre), marin, d'Erdeven, Morb.
13. Ezanot (Pierre), labour. d'Erdeven, Morb.

F

1. Faget (Constantin), émigré, de Selignam, Pas-de-Cal.
2. Falhun (Guillaume), jardinier, de Renorgate, Finist.
3. Faller (Joachim), canonnier, de Plaudrin, Morb.
4. Faure (Bertrand), off. d'Ille-en-Périgord, Dord.
5. Fauville (Antoine de), noble, de Surck, Pas-de-Cal.
6. Faval, sergent.
7. Faydit (Maurice de), off. de Riom, Puy-de-Dôme.
8. Faymoreau (Jacques Marie Joseph de), *Panou,* cadet, de Nantes, Loire-Infér.
9. Feletz (Antoine Joseph de), off. de Gumon, Corrèze.
10. Felix (Michel de), de Lizo, Calvados.
11. Fenardent (Cyprien), noble, de Jobourg, Manche.
12. Fénélon (André Emmanuel de), *Salignac,* volont. de Selfroin, Charente.
13. Feraudière (Louis Joseph Casimir de la), noble, de Bar-le-Duc, Meuse.
14. Feret (Thomas Godefroy), noble, de Cormeilles, Eure.
15. Ferté Meun (chev. de La), lieut. de vaiss.
16. Fiolet (Jacques Joseph), milit. d'Avroult, Pas-de-C.
17. Flament (Michel Anne), off. de Quimper, Finistère.
18. Flau (Mathurin), labour. de Surzin, Morb.
19. Flayelle (Jean de), off. d'artillerie, de Paris, Seine.
20. Fliselle (Henry Maximilien de), *de Bray,* noble, d'A-miens, Somme.
21. Florentin (Pierre), noble, de Vilis, Meuse.
22. Flouris (Louis), labour. de Puchol, Morb.

23. Flouy (Jacques de), *Cauchois*, noble, d'Aumale, Seine-Infér.

24. Folmont (Antoine de), *Testas*, capit. de génie, de Bagat, Lot.

25. Fontaine (Louis), maréchal-ferrant, de Cuvilly, Oise.

26. Fontaines (Hilarion des), volont. de Le Goulet, Orne.

27. Forges (Guy des), volont. de la marine, de Vannes, Morbihan.

28. Foucault (Armand Daniel de), off. d'Ardre, Pas-de-C.

29. Fougeret (Antoine), meûnier, de Gizec, Ind.-et-Loire.

30. Fouquet (Fr. Paul de), noble, de Thouars, Deux-Sèv.

31. Four (Claude-François du), de Paris, Seine.

32. Fournier (Jean Auguste), volont. de Saumur, M.-et-L.

33. Fournier (Jean Marie), milit. de Montreuil, Meurt.

34. Foutroyé (Jean), de Foutroyé, Lot-et-Garonne.

35. Freville (Jean Pierre de), noble, de La Haie-Roulot, Eure.

36. Fresne (René Barbe du), *Bignon*, volont. de Saint-Ouen-le-Brison, Seine-Infér.

37. Fresnoy (Jean Baptiste du), volont. de Sainte-Marie, Moselle.

38. Froger (1) (Charles André de), *de Léguille*, volont. de la marine, de Laclisse, Charent.-Infér.

39. Froger (1) (Hervé de), *de Léguille*, cap. de vaiss. de Rochefort, Charente-Infér.

---

(1) Ils moururent en héros chrétiens s'embrassant l'un l'autre. Ils étaient des officiers très distingués: celui qui était major du régiment de la marine était regardé comme un des meilleurs officiers de la marine française.

40. Froger (Louis de), cap. de vaiss. de Rochefort, Charente-Infér.

41. Frottin (François), prêtre, de Tual, Ille-et-Vilaine.

G

1. Gabeau (Félix), milit. d'Isbergue, Pas-de-Calais.

2. Gagec (Jean Marie du), *Glay*, garde d'Artois, de Quintin, Côtes-du-Nord.

3. Galidec (Jacques Le), tailleur, de Noyal-Muzillac, Morbihan.

4. Gallec (Gilles), cultivateur, de Surzin, Morbihan.

5. Garigue (Jean Savignien Marie La), élève de marine, de Rochefort, Charente-Inférieure.

6. Garnier (Joseph), milit. de Dol, Ille-et-Vilaine.

7. Garot (Pierre), milit. de Chamber, Côte-d'Or.

8. Gauche (Louis Henry Le), noble, de Rue, Somme.

9. Gauthier (Jean), émigré, d'Epignac, Ille-et-Vilaine.

10. Gautier (Julien), prêtre, de Plelan, Ille-et-Vilaine.

11. Gegu (Louis), domestique, de Nantes, Loire-Inf.

12. Genhaut (Charles), noble, de Nion, Suisse.

13. Génot (Edme de), noble, de Nolay, Côte-d'Or.

14. Genouillé (Pierre Abel de), *de Savatte*, vol. d'Aurillac.

15. Genouillé cadet (Louis Henri Ange de), *de Savatte*, vol. d'Aurillac.

16. Georges (François Marie de St.), *du Four*, vol. de Saint-Quentin, Aisne.

17. Gérard (Jean), prêtre, de Montauban, Ille-et-Vil.

18. Gercioque (Martin), labour. d'Hennebon, Morb.

19. Géril du Papeu (Joseph Anne), élève de la marine, de Saint-Malo, Ille-et-Vilaine.

20. Gerupré (A. J. L. de), *Paillot*, gendarme, de Caen, Calvados.
21. Gibral (Jean Baptiste), milit. de Capelle, Lot.
22. Gilet (Pierre), labour. d'Arzon, Morbihan.
23. Gimel père (Jacques de), off. de Calviac, Dordogne.
24. Gimel fils aîné (de), off.
25. Gimel fils cadet (de), off.
26. Giraud (Alexis), milit. de Nismes, Gard.
27. Gondier (Jacques) noble, de Verneuil, Nièvre.
28. Goulaine (Anne Marie, marquis de), noble, de Nantes, Loire-Inférieure.
29. Goulaine (Henry de), noble, de Nantes, Loire-Inf.
30. Gourdet (Julien), labour. de Noyal-Muzillac, Morb.
31. Gourin (de), Morbihan.
32. Gourot (Jacques Pierre), prêtre, de S.-Georges, Vend.
33. Gouy (Augustin), émigré, de Guelsen, Nord.
34. Goyer (Charles Nicolas), noble, de Saint-Jean-du-Gat, Calvados.
35. Granchamps (Antoine Gabriel de), noble, d'Aval, Haute-Vienne.
36. Grange (La), sous-lieutenant.
37. Grange (Pierre La), milit. d'Athême, Dordogne.
38. Granval (Guillaume de). *Bauquet*, lieutenant, de Méoty, Manche.
39. Gras (Dominique Le), off. de Saint-Auden, Ardèche.
40. Graves (Edme François, marquis de), capitaine.
41. Grela (Joseph), marin, de Riaute, Morb.
42. Grenier (Nicaise Valentin), domestique, de Dourville, Seine-Inf.
43. Grimonville (Charles de), noble, de Lahaye, Calv.

44. Grozons (Juste de), *Sarret*, lieut. de vaiss. d'Arbois, Jura.

45. Grue (Louis Joseph Marie), vol. de Toulon, Var.

46. Guégan (Louis Joachim du), de Bering, Morb.

47. Guegué (Jean Baptiste), prêtre, de Guedvenir, Vend.

48. Guenedeval (Jean), labour. de Plesrin, Morb.

49. Guergelin (René Marie de), noble, d'Hennebon, Morb.

50. Guerroux (Jean François de), noble, de Nogent-le-Rotrou, Eure-et-Loire.

51. Guerry (Gilbert de), chev. de Malte, de Dompierre, Vendée.

52. Guerry (Charles de), chev. de Malte, de Dompierre, Vendée.

53. Guerry (de), chev. de Malte , de Dompierre , Vendée.

54. Guerry (Michel), labour. d'Arzolo, Morb.

55. Guet (François du), de Beli, Seine-et-Oise.

56. Guicheteau (Jean Dominique de), vol. de Bréal, Ille-et-Vilaine.

57. Guichon (de), *du Bouexic*, lieut. de vaiss.

58. Guigan (Jean), maréchal, de Penhel, Morb.

59. Guillas (Georges), labour. de Lauderan, Morb.

60. Guillemain (Henry), milit. de Gravé, Morb.

61. Guillerot (Jacques), meûnier, de Sergur, Morb.

62. Guilleroux (Jean), tailleur, de Sarzic, Morb.

63. Guillon (Joseph de), noble, d'Astafort, Lot-et-Gar.

64. Guimvert (Jean Louis), labour. de Tréguier, Côtes-du-Nord.

65. Guinguené (François), noble, de Laugouet, Ille-et-Vilaine.

66. Guiquerneau (Anne Claude de), *Bihanic*, lieut. de vaiss. de Laudedac, Finisière.

67. Guyomarais (Joseph de), *Lamotte*, lieut. de vaiss. de Lamballe, Côtes-du-Nord.

H

1. Haffont (Jos. Mar. Guill. du), noble, de Quimper, Finistère.

2. Haise (Louis François d'), major, du Hâvre-de-Grace, Seine-Infér.

3. Hamon (Joseph), labour. de Guingamp, Côtes-du-N.

4. Harscouet (Casimir Julien Mathieu de), noble, de Plouha, Côtes-du-Nord.

5. Haye (Gabriel de La), *Montbault*, noble, de Beaulieu, Deux-Sèvres.

6. Hébert (Alexis), milit. de Caen, Calvados.

7. Hélin (Ferdinand), milit. de Maroilles, Nord.

8. Hellec (Fidèle Le), *Lechauf*, off. de marine, de Guipriat, Ille-et-Vilaine.

9. Hémery (Geoffroy), domestique, de S. P. Le Gouge, Ille-et-Vilaine.

10. Henriot (Yves), labour. de Grand-Champ, Morb.

11. Herondel (André Marie de L'), *Hue*, lieut. de vaiss. de Benoville, Calvados.

12. Hersé (Urbain de), évêque de Dôle, de Mayenne, La Mayenne.

13. Hersé (François de), grand-vicaire de Dôle, de Mayenne, La Mayenne.

14. Hervet (Louis), domestique, de Loguivy-Plougras, Côtes-du-Nord.

15. Hervilly (comte d'), colonel.

16. Heuse (Pierre-André-Valfrant de La), *Langlois*, aumônier, de Néville, Seine-Infér.
17. Hochenac (Augustin), milit. de Castres, Tarn.
18. Hochin (François), milit. de Biliberquels, Pas-de-C.
19. Horhan (André), domestique, de Kignac, Morb.
20. Houix (Julien), labour. de Plandren, Morb.
21. Houlier (Jean-Baptiste de), noble, de Quimbron, Pas-de-Cal.
22. Houssaye (Auguste-Jean Marie, chev. de La), *Le Vicompte*, capit. de Guingamp, Finistère.
23. Houssaye (Jean Baptiste de La), *Le Vicompte*, sous-lieuten. de Rennes, Ille-et-Vilaine.
24. Huby (Pierre), tisserand, de Trevé, Côtes-du-Nord.
25. Huchet (François), milit. de Valuon, Pas-de-Cal.
26. Hudebert (d'), sous-aide major, de Dammartin, Seine-et-Marne.
27. Hugon (Claude), noble, de Larzac, Corrèze.

I

1. Imbert (Jos.), sous-lieut. de Lauzerte, Tarn-et-Gar.
2. Imbert (Thomas), volont. de Port-Sainte-Marie, Loi-et-Garonne.

J

1. Jacob (Jean-Baptiste), de Pluneret.
2. Jacques (Louis), milit. de Lunéville, Moselle.
3. Jallais (Auguste de), lieuten. de Saint-Philibert, Vend.
4. Jallais (Louis de), sous-lieuten. de Saint-Philibert, Vendée.
5. Jallais (Victor), sous-lieuten. de Fontenay, Vendée.

6. Jallais (Pierre), sous-lieut. de Saint-Philibert, Vend.
7. Jamin (Jean), noble, de Lezé, Maine-et-Loire.
8. Javel père (Antoine Louis), chirurgien, du Moilau, Dauphiné.
9. Javel fils (Alexis), chirurgien, de Lyon, Rhône.
10. Jay (Frédéric Joseph du), volont. de Rosoy, Aisne.
11. Jeanno (François), cordonnier, de Marzan, Morb.
12. Jeanno (Joseph), labour. de Punhol, Morb.
13. Jeannot (Antoine), labour. de Bignan, Morb.
14. Jehanno (Julien), milit. de Laudevan, Morb.
15. Jehannot (Charles), élève apothicaire, de Vannes.
16. Jehoquet (Louis François Marie), sous-off. de Saint-Pol-de-Léon, Finistère.
17. Jérôme (Claude-Nicolas), milit. de Nostang, Marne.
18. Jouangay (Vincent), Perruquier, de Vannes, Morb.
19. Joubert (Jacques de), noble, de Lachapelle-Avenay.
20. Jouenne (Jean François), sergent, de Sottevast.
21. Jouvain (Julien), domestique, d'Yvrande, Orne.
22. Joyeux (Joseph), milit. d'Avignon, Vaucluse.
23. Just (de Saint-), off.

K

1. Kerandraon (Joseph de), *Cabon*, noble, de Lesneven, Finistère.
2. Keravel (de), *Keret*, lieut. de vaiss.
3. Kerbelet (Mathurin), marin, de Laudevan, Morb.
4. Kerdaniel (Remy de), *Le Métayer*, d'Ile-aux-Moineaux, Morbihan.
5. Kerebart (Jean Nicolas Auguste de), *Prigent*, capit. de Rennes, Ille-et-Vilaine.
6. Kerever (de), *Guilloton*, lieut. de vaiss.

7. Kergariou (marquis de), major, de Plouber.

8. Kergariou Locmaria (1) (comte de), capit. de vaiss. de Plouber, Côtes-du-Nord.

9. Kerguern (comte de), cap. de vaiss.

10. Kerlerec (Gabriel Julien de), *Billouart*, lieuten. de vaiss. de Morlaix, Finistère.

11. Kerloury (2) (Joseph Marie Madeleine de), *Roland*, prêtre, de Plougniel, Côtes-du-Nord.

12. Kermoysan (Roland Gabriel Marie de), noble, de Rennes, Ille-et-Vilaine.

13. Kernescop (Charlem. Jos. Franç. Mathurin de), *Courson de la Ville Hélio*, lieut. de vaiss. de Mont-rontan, Côtes-du-Nord.

14. Keroidier (Jean Franç.), perruquier, d'Auray, Morb.

15. Kerouarts (Claude, chev. de), lieut. de vaiss. de Morlaix, Finistère.

16. Kerouarts (de), cap. de vaiss.

17. Kerué (Jacques Marie de), *Cramzel*, cap. de Gué-rande, Loire-Inf.

18. Keruigerel (Olivier de), de Pont-Croix, Finistère.

19. Kervenoël (Bernard Marie de) *Jouande*, off. de Roscoff, Finistère.

20. Kervosdouc (Charles Marie de) *Kercuision*, de Lesneven, Finistère.

---

(1) Quand on vint faire l'appel des prisonniers pour les conduire à la mort, il dit à ses camarades : « Vous n'avez pas besoin qu'on « vous donne l'exemple de mourir, mais comme votre ancien, je « réclame l'honneur de marcher au supplice le premier; et marchons « pieds nus pour imiter la passion de notre Seigneur. »

(2) Fait prisonnier le 16 en emportant sur ses épaules le jeune Lahoussaye, son ami, blessé au combat dudit jour.

L

1. Laféteur (Philippe), domestique, de St.-Laix, Manch.
2. Lage de Volude (Henri de), sous-lieut. de Lannion.
3. Lahergne (François), jardinier, de Vannes, Morb.
4. Lainé (Michel), noble, de Séez, Orne.
5. Lairet (François), domestique, de Mont-Luçon, Allier.
6. Laistre (Louis Florentin de), praticien, d'Argentan.
7. Lalande (Adrien), noble, de Beauvoir, Seine-Inf.
8. Lalande de Calan (Pierre, chev. de), lieut. Finist.
9. Lalandelle (René), off. de Vannes, Morb.
10. Lamberty (Pierre de), vol. de la Chapelle, Dordogne.
11. Lambrunières (François de), *Reignier*, noble, de Poitiers, Vienne.
12. Lamoignon (1) (Charles de), off. de Paris, Seine.
13. Lamour (François), noble, de Rennes, Ile-et-Vilaine.
14. Lamy (François), domestique, de Sarguemines, Mos.
15. Lanciens (Julien), labour. de Berry, Morb.
16. Landrein (Jean), labour. de Penhol, Morb.
17. Landrein (Yves), labour. de Penhol, Morb.
18. Lanfernat, volontaire.
19. Langle (Louis Vincent Marie de), lieut. d'artillerie, d'Hennebon, Morb.
20. Lanjamet (Alexandre Jean Julien de). *Vaumouleur*, off. de Pacé, Sarthe.

---

(1) Son frère, maintenant pair de France, venait d'être grièvement blessé ; Charles l'emporte sur ses épaules, le dépose dans une embarcation qui regagnait la flotte, refuse d'y monter avec lui, malgré les instances qu'on lui fait, et va rejoindre son régiment.

21. Lanoue (César Guillaume de), sous-lieut. de Quintin, Côtes-du-Nord.

22. Lantivy (Paul de), noble, d'Auray, Morb.

23. Lantivy (René Joseph), vol. de Ploërmel, Morb.

24. Larcher (Louis Joseph), fils de négociant, de Lille.

25. Largentaye (René de), *Lesquen,* sous-lieut. de St.-Lormel, Côtes du-Nord.

26. Largès (Pierre-Franç. Martin du), off. de Louargat.

27. Largez (Louis Gabriel), aumônier, de Louargat.

28. Lasseinie (1) (Pierre), chev. de Malte, de St.-Yrieix.

29. Lasseinie (1) (Théodore), chev. de Malte, de S.-Yrieix.

30. Laudu (Jean), domestique, de St.-Brieux, Côt.-du-N.

31. Laurencie (François, commandeur de La), cap. de vaiss.

32. Laurent (Florentin du), noble, de Quimper, Finist.

33. Laurent (Fidèle du), noble, de Quimper, Finistère.

34. Lauzéon (François Ch. Marc de), *Legualès,* sous-lieut. de Morlaix, Finistère.

35. Lavenne, adjud. maj.

36. Lebail (Julien), labour. de Muzillac, Morb.

37. Lebeau (Sébastien), labour. de Noyal-Muzillac, Morb.

38. Lebian (Louis), labour. de Brec, Morb.

39. Leblanc (Joseph), émigré, de Haut-Volé.

40. Leboucher (Louis Etienne), marin, de St.-Maurice.

____

(1) Ils étaient très jeunes : Pierre avait 16 ans et Théodore 17. On leur demanda si leurs parens ne les avaient pas forcés de les suivre : ils répondirent qu'ils ne voulaient pas sauver leur vie par un mensonge, et qu'ils avaient servi par sentiment et par devoir la cause du Roi.

41. Lebreton (Guillaume René), vol. de Perriers, Manch.

42. Leclerc (Louis), bourgeois, de Tautigny, Brabant.

43. Lecun (Guillaume), chantre, de Tréguier, Côt.-du-N.

44. Lefebvre (Jacques), noble, de Boucé, Orne.

45. Lefebvre (Florent), journalier, d'Erni, Pas-de-Calais.

46. Lefloch (Jean), marin, de Port-Naval, Morb.

47. Lefort (Marie-Louis), noble, de Saintes, Char.-Inf.

48. Lefranc (Mathurin), noble, de Quédillac, Côt.-du-N.

49. Legall (L. René Patrice), prêtre, de Breal, Ille-et-Vil.

50. Légo (Charles), cordonnier, d'Auray, Morb.

51. Legrand (François), milit. de St.-Licven, Pas-de-Calais.

52. Legris (Jean-Nicolas), serg.-maj. d'Aulnay, Marne.

53. Leineven (Pierre), tisserand, de Lauderan. Morb.

54. Lelargue (René Anne), noble, de Ploërmel, Morb.

55. Leleu (Nicolas), milit. de Masny, Nord.

56. Lelièvre (René), vétéran, de St.-Clément, Mayenne.

57. Lemaguet (Nicolas), tailleur, de Delagneau.

58. Lemaitre (François), noble, de Menil-Oubec, Manc.

59. Leninan (Jacques), de la Bretagne.

60. Lenormand Garat (René), lieut. de vaiss. d'Avranches, Manche.

61. Lenormand Garat (René Anne), lieut. de vaiss. d'Avranches, Manche.

62. Leroux (Jean), labour. de Vosney, Morb.

63. Lesause (Jacques), marchand, d'Auray, Morb.

64. Létat (René), noble, de Nevray, Mayenne.

65. Lethiec (Pierre), labour. de Marzan, Morb.

66. Leti (Louis), marchand, d'Auray, Morb.

67. Letort (Louis), milit. de Prenesay, Côtes-du-Nord.

68. Letouze (Mathurin), tisserand, de Laudevan, Morb.

69. Lévêque (Jean), domestique, de Laudehen, Côtes-du-Nord.

70. Lezerec (G. T. de) *Tredern*, noble, de Crezon, Fin.

71. Lichy (de), volont. Nièvre.

72. Lieuray (Louis Philémon de), off. d'Anthenay, Eure.

73. Lombard (Louis André Joseph de), cap. de vaiss. de Bordeaux, Gironde.

74. Loriac (Jean Philippe de), *Laroche*, volont.

75. Lostende (Othon Benjamin de), noble, de Limoges, Haute-Vienne.

76. Louet (Georges Noël), noble, d'Angers, Maine-et-Loire.

77. Loyer (Jean), labour. de Penhol, Morb.

78. Loyer (Louis), labour. de Penhol, Morb.

79. Luard, sergent du train d'artillerie.

80. Lubert (Jean), labour. de Noyal-Muzillac, Morb.

81. Luc (Ange de Saint), *Couen*, noble, de Quimper. F.

82. Lulbin (Jean), cordonnier, de Saint-Gomery, Morb.

83. Lusignan (Louis de), *Couhé*, volont. de Saint-Savin.

84. Lustrac (Jean Joseph de), major du fort Penthièvre, d'Eias, Gers.

85. Lys (du), officier du train d'artil.

M

1. Madec (Jean Marie), milit. de Baden, Morb.

2. Madec (Pierre), labour. d'Hennebon, Morb.

3. Madelaine (François Dominique de La), *Castin*, prêtre, de Detouche, Charente-Inf.

4. Madre (Louis de), *de Terbrughe*, noble, de Lille, N.

5. Magro (Jean), noble, de Thionville, Moselle.

6. Mahé (Jacques), labour. d'Hennebon, Morb.

7. Maignand (Le), off.

8. Mailhaud (François), milit. de Saint-Guillaume, Côtes-du-Nord.

9. Maillet (Jean Baptiste Bernard de), off. de Séardel, Cal.

10. Mainard (Joseph Antoine de), capit. de La Rochelle.

11. Malherbe (Guillaume de), noble, de Briqueberg.

12. Malherbe (François), domestique, de Soulagi, Cal.

13. Manne (Antoine de), noble, de Quebec, Canada.

14. Manny (Paul des), noble, de Charmont, Charente.

15. Manoite (Antoine de), noble, de Blanc, Indre.

16. Marais (Des), cap.

17. Marais (Des), off. de marine.

18. Marché (Jean), milit. d'Arçon-le-Long, Aisne.

19. Maréchal (de), vol.

20. Maret (Félix), domestique, de Preux-au-Sart, Nord.

21. Mareuil (de), vol.

22. Marine (Michel), labour. de Pluvigné, Morb.

23. Mariotte (Nicolas), milit. de Nancy, Meurthe.

24. Marquillier (Louis de), noble de Mons, Gemmapes.

25. Martin (Antoine), noble, d'Eussenan, Hérault.

26. Martin (François), noble, d'Ax, Arriège.

27. Martin (Joseph), noble, d'Ariane, Hérault.

28. Mary (Joseph), d'Ecau.

29. Masnadau (Jean François du), noble, de Saint-Bertrand, Guadeloupe.

30. Masson (chev. de), vol.

31. Maubert (Joseph Alexandre de), *Bouhier*, lieut. de vaiss. de Noirmoutiers, Vendée.

32. Maubert (Mathurin), maréchal, de Pluvigné, Morb.

33. Maurice (Nicolas Marie), domestique, de Guingamp.

34. Mauroy (J. M.), sergent.

35. Maurville (Michel Félix de), *Bidé de Funelière*, lieut. de vaiss. de Lizo, Calvados.

36. Mauvise (Antoine de), lieut. de vaiss. de Leblanc.

37. Mehoux (Jacques de), *le Mouton*, off. de Paris, Seine.

38. Melet (du), off.

39. Meleze (Picquet de), lieut. de vaiss.

40. Mellenger (Louis Augustin du), off. d'Alençon.

41. Mellot (Césaire de), noble, de Poiré, Vendée.

42. Menou (René Marie de), major de vaiss. de Nantes.

43. Méricourt (François Marie de), *Le Roy*, vol. de Boulogne, Pas-de-Cal.

44. Mervé (de), *Fontaines*, lieut. de vaiss.

45. Meuvrerie (P. J. S. de La), *Marion*, noble, de Lille, N.

46. Mézillac (de), off.

47. Michel (Nicolas), labour. de Loudevant, Morb.

48. Michel (Vincent de Saint), *Guyot*, noble, de Langres.

49. Mignaux (Laurent), labour. de Carnac, Morb.

50. Milon (Pierre de), noble, de Poitiers, Vienne.

51. Mine (Charles de), noble, de Viroucheau, Somme.

52. Mirlavaud, sergent d'artil.

53. Mocourt (François de), vol. de Stenay, Meuse.

54. Moine (1) (Jean Denys Le), *dit Adolphe*, domestique, de Rosny-sur-Seine, Seine-et-Oise.

---

(1) Domestique de M. le comte de Périgord. Le président de la commission qui désirait le sauver lui demanda si son maître ne l'avait pas forcé à le suivre. Il répondit constamment qu'il avait suivi son maître par attachement pour lui , et que la mort seule pourrait l'en séparer.

55. Moiton (René Louis), palfrenier, de Rosny-sur-Seine, Seine-et-Oise.

56. Molgat (Jacques), de Theize, Morb.

57. Mondion (Pierre de), employé aux fermes , de Limoges , Haute-Vienne.

58. Montarnal (François), noble, de Senergues , Avey.

59. Monteil (François du), garde-du-corps, de Saint-Julien , Haute-Vienne.

60. Montel (de), vol.

61. Montenant (Paul de), *le Poulletier,* vol. de Rouen , Seine-Inf.

62. Montesquiou , volontaire.

63. Montezun (François Marie de), *de Cours,* off. de Duravel, Lot.

64. Montezun (Henry de), *de Cours*, off. de Duravel , Lot.

65. Montfort (Pierre François Hugues de), Burgaut, off. de Gacé, Orne.

66. Montjoye, volont.

67. Montronand (de), volont.

68. Morel (Hyacinthe),praticien, de Fougeray, Loire-Inf.

69. Moriencourt (François Eugène de), *Langlet*, colonel du génie, de Bergues, Nord.

70. Moris (Charles Paul Jean Baptiste de Saint), *Bourgevin,* conseiller au parlement de Paris.

71. Morisson (Charles de), *de la Basselière ,* noble, de Saint-Jean-des-Landes , Vendée.

72. Motte (Prosper La), vol. de Mezuis , Haute-Garonne.

73. Motte (Pierre La), milit. d'Aurillac, Cantal.

74. Moucheron (Claude Henry Alexandre de), vol. de Moutiers.

75. Moucheron (Jean Marie Guillaume de), vol. de Quimper, Finistère.
76. Mouillemuse (Jean François Guillaume, comte de), *Viard*, Ille-et-Vilaine.
77. Moulais (N.), labour. de Mercelly.
78. Moulin (J.G.), milit. de Paris, Seine.
79. Moureaud (Toussaint Etienne), milit. de Saint-Gildas-des-Bois, Loire-Inf.
80. Moureville (Hyppolite), de Carpentras, Vaucluse.
81. Mouroux (Vincent Le), de Kerdavid en Ouch.
82. Moussaye (Casimir François, marquis de La), de l'état-major des chouans, Côtes-du-Nord.
83. Mouterban (de), volont.
84. Moutier (Antoine Jean du), milit. de Basincourt, Oise.

N

1. Nassal (chev. de), lieut.
2. Néé (Pierre Marie), noble, de Villecrend, Loir-et-Ch.
3. Neuville (Laurent de), noble, d'Alleye, Pas-de-Calais.
4. Noël (Jean), milit. de Perpignan, Pyr.-Orient.
5. Noël (Nicolas Joseph), vol. de Pont-à-Mousson, Meur.
6. Nourry (Jean Baptiste Pascal), ancien milit. de Seis-seval, Somme.
7. Noyon (de), *Payen*, élève de la marine.

O

1. Ollier (Joseph), cultivateur, de Plolinois, Morb.
2. Orans (Saint), off.
3. Orset (Pierre d'), *d'Arragones*, lieut. de vaiss. de Sar-zeau, Morb.

4. Orvilliers (François d'), *Guillonet*, lieut. île de Cayenne.
5. Ougean (Mellé), labour. de Plaudrin, Morb.
6. Oumes (Ives Marie), maître d'école, de Longuivy-Lannion, Côtes-du-Nord.

P

1. Palespont (Jean Baptiste), noble, de La Magdeleine, Basses-Pyr.
2. Pallouet (Vincent), noble, de Nantes, Loire-Inf.
3. Panfouru (Louis), vol. de Rocancourt, Calvados.
4. Panneguin (Pierre Joseph), milit. de Lécluse, Nord.
5. Panthou (Guill. Mar. Jos. de), lieut. d'Evrec, Cal.
6. Parc (Gabriel du), noble, de Kerouelle, Finistère.
7. Parfuntun (Henry Charles de), *du Drésit*, off. de Brest, Finistère.
8. Paris (Jacques), domestique, de Cajeune, Normandie.
9. Pascal (Joseph), noble, d'Ourcof, Finistère.
10. Passac (Pierre de), émigré, de Vendôme, Loir-et-Ch.
11. Paty (André Raymond de), licut. de vaiss. de Galgon, Gironde.
12. Paty (Léonard de), cap. de vais. de Bordeaux, Gir.
13. Pécholier (Antoine de), sous-aide-major, de Caussade, Tarn-et-Garonne.
14. Pélissier père (Joseph Louis de), noble, de Sémiane, Bouches-du-Rhône.
15. Pélissier fils (de), noble, de Sémiane, Bouch.-du-Rh.
16. Pelletier (Jean le), noble, de la Loyère, Côte-d'Or.
17. Péranne (Jean), milit. d'Avignon, Vaucluse.
18. Percy (René Charles de), lieut. de Tonneville, Manch.

19. Perdreauville (Jean David de) , off. de Nonancourt, Eure.
20. Pereray (René La), *Masson,* vol. de Saint-Denys-la-Chevesse, Vendée.
21. Perigeaux (Mathurin) , domestique d'Iffendie, Ille-et-Vilaine.
22. Périon (Florimond Marc), rentier, de Rostruen, Côtes-du-Nord.
23. Péron (Pierre-Louis), milit. de Noirdbécourt, Pas-de-Cal.
24. Pérouse (Louis Gabriel Marie, chev. de La), *Maury,* off. de St.-Hyppolite, Gard.
25. Perraut (Vincent), cordonnier, de Vannes, Morb.
26. Pessel (Jean), cultivateur, de Plolinois, Morb.
27. Petit (Marie Charles), vol. de Chaudeton, Vaucluse.
28. Petit (René), milit. de Champigny, Loir-et-Cher.
29. Petit-Guyot (François), vol. d'Apremont, H.-Saône.
30. Peunévert (Jean François Paul) , noble, de Vannes, Morb.
31. Pharaon (Guillaume), jardinier, de Renergate, Fin.
32. Phélippeaux (Louis de), *le Picard ,* sous-lieut.
33. Pic (Guillaume Pierre de), noble, de Châteauneuf, Finistère.
34. Pierre (de St.), *Meherenc,* major de vaiss.
35. Pierre (Auguste Henri, vicomte de St.). *Meherenc ,* capit. de Pleguien, Côtes-du-Nord.
36. Pieussen, adjudant.
37. Pinel (François), noble, de la Malhoure, Côtes-du-N.
38. Pintel (Augustin), de Menil-Dohen, Pas-de-Cal.
39. Pintel (Dominique), de Menil-Dohen, Pas-de-Cal.
40. Pisse (de La), vol.

41. Planche (Gilles de La), domestique.

42. Pléci (Louis François du), noble, de Ste.-Foix, Dord.

43. Plessis (Claude du), vol. de Vertus, Marne.

44. Plessis (Pierre du), noble, de Saint-Aubin, Lot-et-Garonne.

45. Plessis (Théodore Barthélemy du), vol. de Vertus , Marne.

46. Poche (Yves), domestique, de Peroquiret, Côtes-du-Nord.

47. Ponsay (Jérôme de), *Gorrin*, vol. de la marine, de Saint-Marc-des-Prés, Vendée.

48. Pont (Pierre François du), noble, de Carpissac, Cal.

49. Pontich (Joseph de), *Roig*, vol. de Thuir, Pyr.-Or.

50. Portal (Jean Louis du), cap. du génie, de Strasbourg, Bas-Rhin.

51. Porte (Jean Baptiste La), vol. de Exideuil, Dordogne.

52. Portzamparc (Louis Hyacinthe Marie de), *Urvoy*, lieut. de vaiss. de Plounneves-Moëdre, Côtes-du-Nord.

53. Poulain (François), prêtre, de Hatté, Anjou.

54. Poulain (Jacques Amable), domestique, d'Esteville, Seine-Inf.

55. Poullain (Paul Pierre), noble, de Planguenonal, Côtes-du-Nord.

56. Poulpiquet (de), off.

57. Pressac (Thomas de), sous-lieut. de Coutras, Gir.

58. Préville (Claude Henry de), lieut. de Chatillon-sur-Indre, Indre.

59. Prévost (Louis André de), noble, d'Argenteuil.

60. Prévot (Louis Frédéric de), noble, d'Exmès, Orne.

61. Prielley (vicomte de), lieut.

62. Priez (Jean Baptiste), ouvrier, de Marsilles, Nord.

63. Prince (Simon Le) (1), noble, vol. de Dieppe, S.-Inf.
64. Pujouly (Louis), de Nismes, Gard.
65. Puniet (Charles), noble, de Noncuq, Lot.
66. Puyferré (Gabriel), noble, de Lesneven, Finistère.
67. Pynyot (Clair), noble, de Verbier, Vienne.

Q

1. Quegnec (Jean), de Morlaix, Finistère.
2. Quengo (Jean Baptiste de), *du Rocher,* sous-lieut. de Brusvily, Côtes-du-Nord.
3. Quengo (Gabriel Pierre Louis de), *du Rocher,* lieut. de Brusvily, Côtes-du-Nord.
4. Querolan (Paul François), noble, d'Hennebon, Morb.
5. Quilien (Jean Louis de), *du Merdy,* cap. de Pleubain, Côtes-du-Nord.
6. Quincarnon (Armand de), volont. de Plessis Groan.

R

1. Raffler (Jacob), noble, de Vasselonne, Bas-Rhin.
2. Raillierès (Donatien Rogatien des), *Rouhaut,* volont. de Challans, Vendée.
3. Raoul (Joseph), noble, de Châtillon, Deux-Sèvres.
4. Réchin (Jean-Louis), domestique, de Montaigu.
5. Regnaude (Jean Michel de La), *du Crousel,* noble, d'Aubiac, Puy-de-Dôme.

---

(1) On les attachait deux à deux pour les mener à la mort. M. Le Prince était attaché avec M. Berthier. Un officier républicain qui a rendu beaucoup de services aux émigrés et en a sauvé plusieurs, espérait pouvoir les sauver tous les deux, il coupa la corde qui les liait l'un à l'autre, mais il ne put sauver que M. Berthier. M. Le Prince marcha seul à la mort avec le plus grand courage.

6. Reguidel (Bert. Marie), milit. de Vannes, Morb.

7. Rémy (Jean Baptiste), domestique, de Verdun, Meus.

8. Renegot (Guillaume), cordonnier, de Vannes, Morb.

9. Reussec (François Pierre de), grand-vicaire de Luçon, de Lyon, Rhône.

10. Reville (René Marie), noble, de La Ferté, Orne.

11. Reyranglade (Henry Pascal La), off. de Nismes, Gard.

12. Ribochon (Julien), labour. de Grand-Champ, Morb.

13. Ricot (Pierre), labour. de Paul, Morb.

14. Ridant (Jean Marie), domestique, de Sarzeau, Morb.

15. Rieux (Louis, comte de), volont. de Paris, Seine.

16. Rigale (de La), *Dumas*, off.

17. Rio (Jean Pierre), labour. de Marsan, Morb.

18. Riou (Yves), domestique, de Louargat, Côtes-du-N.

19. Robecq (Gui. Ma. Ch. comte de), noble, de Morlaix.

20. Robert (Etienne), domestique, de Sauves, Gard.

21. Robert (François), de Challans, Vendée.

22. Robert (Henry), noble, de Challans, Vendée.

23. Robin (Joseph), tailleur, de Servel, Côtes-du-Nord.

24. Roch (du), lieut.

25. Roche Aymond (La), *de la Roussie*, maréchal-des-logis des gardes-du-corps, de Périgueux.

26. Roche-Barnaud (François de La), *de Villeneuve*, off. de Saint-Peray, Ardèche.

27. Roche-Barnaud (1) (J. P. A. de La), *de Villeneuve*, off. de Saint-Peray, Ardèche.

28. Rochefoucault (R. C. de La), volont. d'Apremont.

---

(1) Frère du précédent. Un troisième frère a pu se sauver et a fait des Mémoires sur Quiberon.

29. Roche Saint-André (Victor Alexandre de La), sous-lieut. de Montaigu, Vendée.

30. Rocher (Gabriel François Louis du), de Broons, Côtes-du-Nord.

31. Rocher (Yves François du), noble, de Nantes, Loire-Inférieure.

32. Roches (Pierre Joseph des), *Bois Linard*, volont. de Raucou.

33. Rogrand (Charles César de), lieut. de vaiss. de Montaigu, Vendée.

34. Roirand (de), off.

35. Roquefeuille (Charles, baron de), cap.

36. Roquefeuille (Pierre François de), volont. de Valence, Drôme.

27. Rossel (Christophe-Colomb de), commandant les vétérans, de Sens, Yonne.

38. Rossel (Louis Christophe de), volont. de Sens, Yon.

39. Rouche (de), volont.

40. Rouche (Pierre), de Cauche.

41. Rouhaut (Charles Constant Fortuné, comte de), lieut.-colonel.

42. Roussille (Joseph de La), *Carmantran*, noble, de Vertaison, Puy-de-Dôme.

43. Rouvenac (de), *Luillier*, volont.

44. Rouvenac (Jacques, comte de), *Luillier*, lieut.-colonel, de Rouvenac.

45. Roux (chev. de), volont.

46. Rouxville (René César Alexandre de), noble, de Torigny, Manche.

47. Royer (René François Budant Le), volont. de Saint-Nazaire, Loire-Infér.

48. Russey (Pierre de), *Boucheron*, cap. d'artillerie, de Beaune, Côte-d'Or.

S

1. Saineville (comte de) (1), cap. de vaiss.
2. Salvar (Jean de), noble, de Perpezat, Puy-de-Dôme.
3. Salvar (Jean Jacques de), greffier, de Bernay, Morb.
4. Salver (Joseph de), noble, de Miliac, Vienne.
5. Sanié (Louis), milit. de Balincourt, Pas-de-Calais.
6. Santer (Jacques), labour. de Penhol, Morb.
7. Santer (Jean), tailleur, de Penhol, Morb.
8. Sanzillon (Jean de), noble, de Bussière, Haute-Vien.
9. Sauveplanne (de), volont.
10. Sauveur (Jean Baptiste de Saint), capit. de Lionnac, Allier.
11. Savignac (chev. de), vol. de La Jonchère, Haute-Vienne.
12. Savignac (Joseph de), lieut. de la Jonchère, H.-V.
13. Seguin (Etienne), marin, de Pezenas, Hérault.
14. Semeris (Geoffroy), domestique, de Saint-Pierre-Legouge, Ille-et-Vilaine.
15. Sevenau (Mathurin), labour. de Grand-Champ, Morb.
16. Seveno (Pierre), imprimeur, de Vannes, Morb.

---

(1) Il avait été nommé gouverneur de la presqu'île. Après la prise du fort de Penthièvre où il avait combattu, il se rendit à l'embarcadaire du petit fort de Quiberon. Là, dans l'eau jusqu'à la ceinture, il donnait des ordres pour faire sauver le plus de monde possible. L'officier d'un bateau anglais le sollicita de monter dans son embarcation. Non, répondit-il, mon devoir est de me sauver le dernier.

17. Sevestre (Pierre), étudiant, de Tournay, Calvados.

18. Sico (François), domestique, de Pont-l'Evêque, Cal.

19. Sidone (de), vol.

20. Sils (Jean de), *de La Haye*, lieut. de vaiss. de Vannes, Morb.

21. Solanet (Marie de), *Raymond*, vol. de Rhodez, Avey.

22. Sombreuil (Charles, comte de), commandait la division qui a débarqué le 17 juillet, de Limoges, Haute-Vienne.

23. Souin (Denis), de Reims, Marne.

24. Soulanges (Claude René, comte de (1)) *Paris*, chef d'escadre, de Montaigu, Vendée.

25. Sourissot (Joseph), marin, de Toulon, Var.

26. Stevan (François), labour. de Naval-Nazillac, Morb.

27. Suzanne (vicomte de Sainte), *de Mauconvenant*, sous-lieut. de Coutance, Manche.

T

1. Taillard (de), volont.

2. Talhouet père (René, comte de), lieut.-colonel, de Quimperlé, Loire-Inf.

---

(1) Ce général, aussi recommandable par ses vertus et sa piété que par son courage et ses talens militaires, s'était mis à la tête des exercices de piété et préparation à la mort, pratiqués dans la prison. Après sa mort son domestique qui lui survécut de quelques jours seulement continua ces exercices de piété. Il faisait avec une onction rare des exhortations qui étaient la consolation de ceux qui l'écoutaient. Les soldats eux-mêmes qui gardaient les prisonniers, l'écoutaient attentivement et participaient à leurs prières. — Le nom de cet homme vertueux est sûrement sur cette liste, mais il ne nous a pas été possible de le connaître et de le désigner.

3. Talhouet fils (Claude Louis Vincent Marie de), off. de Nantes, Loire-Inf.

4. Tardivet (Jean Baptiste), noble, de Saint-Léonard, Haute-Vienne.

5. Tassy (Auguste de); sous-lieut. de Marseille, Bouches-du-Rhône.

6. Tempié (Joseph), milit. de Mahon, Morb.

7. Tesselier (Jean François), étudiant, d'Herbé, Ille-et-Vilaine.

8. Tessier (Jacques), menuisier, de Sarlande, Dordogne.

9. Therme (F. L. de) *Labarte*, off. de Mirande, Gers.

10. Therme (Joseph de), *Labarte*, off. de Simares, Gers.

11. Thevenou (Jean), cultivateur, de Frog, Isère.

12. Thibault (René François Dominique), noble, de Martigny, Calvados.

13. Thomas (Jean Baptiste), noble, de Valmon, Pas-de-Calais.

14. Thomas (Jean Baptiste), imprimeur, de Caen, Cal.

15. Thomassin (Jean), marin, de Saint-Malo, Ille-et-Vilaine.

16. Thomazeau (Jacques), maréchal, de Badenne, Morb.

17. Thomazeau (Michel), armurier, de Badenne, Morb.

18. Tintiniac (comte de) (1), général commandant une division de chouans.

---

(1) Général intrépide de l'armée royaliste des chouans, il avait l'entière confiance de ses soldats; il était venu avec sa division au débarquement de Quiberon. Le 10 juillet, le comte de Tintiniac et le général Jean-Jean avaient débarqué de Quiberon en Bretagne à la tête de leurs divisions : ils avaient ordre de rassembler le plus de troupes qu'ils pourraient et de venir attaquer l'armée ennemie le 16,

19. Tissot (François), noble, Savoye.
20. Tossène (Etienne), chouan, marchand drapier, de Vannes, Morb.
21. Touplinière (Nicolas de La), *Torel*, sous-lieut. de vaiss. de Lisieux, Calvados.
22. Tour (Jean Etienne de La), *Ginouvier*, noble, de Clermont, Hérault.
23. Traissac (de). lieut.
24. Travaillé (Guy), milit. de Prenesai, Côtes-du-Nord.
25. Tré (Melan), tisserand, de Plumelheine, Morb.
26. Trécesson (de), cap. de vaiss.
27. Tréion (de) *Ode*, vol.
28. Trévoux (Joseph de), lieut. de vaiss. de Morlaix, Fin.
29. Trevuret (Toussaint de), *Le Bihan*, lieut.
30. Tristan Lhermite (de).
31. Tronjoly (François Urbain de) *l'Ollivier*, lieut. de vaiss. d'Auray, Morb.
32. Tusseau (de), vol.

U

1. Uston (d').

V

1. Vaillant (Charles Éloy le), noble, de Beaumont-le-Roger, Eure.
2. Vaillant (Hubert le), noble, de Besancourt, Seine-Inf.

---

pendant que l'armée de Quiberon l'attaquerait du côté de la Falaise. Le comte de Tintiniac fut tué au château de Coëtlogon. Sa mort fut cause que l'attaque n'eut pas lieu le 16 du côté de la terre. C'est à sa mort qu'on peut attribuer les malheurs de l'attaque du côté de la falaise.

3. Vaillant de Laférière (Paul François Hyacinthe Le), lieutenant de Caen, Calvados.

4. Vaillant de Laférière (Le), sergent de Caen, Calvados.

5. Vandegre (de), volontaire.

6. Vandenne (François), milit. d'Avroult, Pas-de-Cal.

7. Vanoche (Guillaume), mil. de St.-Omer, Pas-de-Cal.

8. Vanteau (Mathurin de), *Faulte*, officier, de Limoges, Haute-Vienne.

9. Varin (Louis Guillaume de), noble, de Bonneuil, Calvados.

10. Vasconcelles (Louis de), vol. d'Authon, Eure-et-Loir.

11. Vassal (Chev. de), vol. de Bergerac.

12. Vasseur (Clotaire François), militaire, de Verchain, Pas-de-Calais.

13. Vassor (Étienne le), noble, de Morances, Eure-et.L.

14. Vassy (Alexandre de), capit. de Bressé, Manche.

15. Vaucassel (Louis de), noble, d'Avesne, Nord.

16. Vaudin (François), domestique, de Brussière, Haute-Marne.

17. Vaujuas (Jérôme François de), *Treton*, noble, de Mayenne, la Mayenne.

18. Vauquelin (F. de), noble, d'Auneville, Manche.

19. Vauquelin (Paul de), noble, de Valogne, Manche.

20. Vautrin, sous-lieutenant.

21. Vaux (Jean Louis de), off. de Chamalière Haute-L.

22. Veaucassel (de), volontaire.

23. Velard (Louis de), noble, de Chaussey, Loiret.

24. Vence (Jean-Baptiste de), émigré , d'Éterre, Nord.

25. Verbois (de), adjudant.

26. Vergier(du), capitaine, de Quimper, Finistère.

27. Vérine (de), lieutenant, de vaisseau.

28. Verne (Jean François Gabriel Achille du), *de Lanty*, officier, de Jailly, Nièvre.

29. Verne (Chev. du), officiers, de la Nièvre.

30. Verne, sous-lieutenant.

31. Viart (Jean Comte de), major de vaisseau.

32. Viart (Charles de), volont. d'Hussan, Vienne.

33. Viart (Henry de), vol. de Rochefort, Charente-Inf.

34. Vichard (François), off. de Schelestadt, Haut-Rhin.

35. Vidampierre (Jean Joseph Antoine de), *Cardon*, lieutenant, de Metz, Moselle.

36. Videaud (de), volontaire.

37. Vido (François) de Limoges, Haute-Vienne.

38. Vigno jeune (L. J. du), noble, vol. de La Rochelle, Charente-Inférieure.

39. Villarcy (de), *Canel*, lieut. du génie.

40. Villavicencio (Charles Joseph), officier, d'Escaudœuvres, Nord.

41. Ville (de), lieutenant d'artillerie.

42. Villedieu (Hyppolite de), *Salve*, vol. de Valansolles, Basses-Alpes.

43. Villegourio (Joseph François Toussaint Charles Vicomte de La), lieut. de vaiss. de Morieux, Côtes-du-Nord

44. Villehélio (François Auguste de La), *Courson*, lieut. de Plouha, Côtes-du-Nord.

45. Villeneuve (Henry de), off. de Lavaur, Tarn.

46 Villeneuve Véraillon (Pierre), noble, de Lorgue, Var.

47. Villéon (Louis de La), *La-Ville-Louys*, lieutenant de vaisseau, de Pontivy, Morbihan.

48. Villevalio (Toussaint Léon de La), *de La Villéon*, lieutenant-colonel, de Pommeret, Côtes-du-Nord.

49. Ville Volette (Jean-Baptiste Vicomte de La), *le Vi-comte*, lieut. de vaiss. d'Iffiniac, Côtes-du-Nord.

50. Vimard (Urbain Claude), chirurgien, de Sédan, Ardennes.

51. Violaine (Jean Amb. Isa. de); lieut. des vétérans, d'Angers, Maine-et-Loire.

52. Violaye (Jean Henry Chev. de La), *Berthon*, sous-lieutenant.

53. Visdeloup (Hyp.), noble, de Rennes, Ille-et-Vilaine.

54. Vissel (Pierre Nicolas de), officier, de la Marine, de Méricourt.

55. Voirin (Jean Louis), brigadier, de Piré, Doubs.

56. Voltais (Louis Marie de La), lieutenant de vaisseau, de Ploërmel, Morbihan.

57. Voumard, chirurgien-major.

W

1. Wamelle (J. F.), noble, de Vimoutier, Calvados.
2. Warein (Pierre Joseph), milit. de Merville, Nord.
3. Wibaux (Honoré), milit. d'Etarsoing, Pas-de-Calais.
4. Wolff (Jean Nicolas), domestique, de Dieuze, Meurt.

Y

1. Yot (Pierre), marin, de Ploërmel, Morbihan.